『長田先生。なんで私、勉強しても英語がうまくならないの？
～NOVAを立ち上げた理系技術者の〝英語習得の世界〟～』

目次

プロローグ

私の名前は、坂上《さかがみ》まゆこ。1993年1月20日、オードリー・ヘプバーンが六十三歳と若くして人生の幕を閉じたその日、私は生まれた。そう、私はオードリー・ヘプバーンの生まれ変わり……な、訳はない。ちなみに言っておくと、祖母がオードリー・ヘプバーンの大ファンだったらしい。水瓶座のA型で、みんなにはクールで個性的なんてよく言われるけど、実際の私はクールでもなんでもない。オードリー・ヘプバーンが演じる映画の主人公のようにキラキラした人生にどこかで憧れつつも、生まれ持った生真面目さに見事に邪魔されている。〝キラキラ〟は私とは縁遠い表現だ。でも、生真面目な自分は決して嫌いじゃない。そうやって生きてきてしまったから、簡単に変えられないっていうのもあるけれど、真面目にやってきたおかげで、今こうして社会人として自立しているという自信も持てているからだ。やりがいを感じられる仕事にも就けて、今の生活にもそれなりに満足している。

恥ずかしいから外では決して言葉にしないけど、今の私の恋人はぶっちゃけ仕事。大学時代にずっと付き合っていた同級生の彼と別れてからあっという間に三年が経つ。私が新入社員研修に明け暮れている頃、彼はOJT[*1]という名目ですぐに実務に就き、仕事でのストレスからか、いつしか私を束縛するようになった。私は基本的

＊1　OJT「オン・ザ・ジョブ・トレーニング」の略称。職務現場において、業務を通じながら上司や先輩社員が部下を育成すること

に、人に干渉されるのが好きではない。束縛なんてもっての他だ。あんなに大好きで空気のように毎日を一緒に過ごしてきた彼が、いつの間にかストーカーのように思えてきてしまうんだから、人間って本当に不思議な生き物だと思う。別れた今は未練などまったくなく、仕事に没頭できて安堵しているくらいだ。

＊＊＊＊＊

私の会社は、日本でも有数の大手ＩＴ会社『プロブレーン』のグループ傘下にある、プロブレーンシステムズ。今年入社三年目になる私は、ＩＴコンサルタントという仕事に就いている。簡単に言うと、お客様の業務効率化のために自社システムの導入を提案して、問題を解決に導く仕事だ。

先日、私の所属するシステム部の部長との面談があった。入社三年目を迎え、今後のキャリアプランを組み立てることになったのだ。一年目は先輩社員に同行し、ＩＴコンサルタントの基礎を学び、二年目は独り立ちして既存のクライアントのフォローや、新規開拓なども行ってきた。幸い、私の提案内容とお客様のニーズがマッチングし、順調に顧客を増やしている。そこで、部長から言われたのは会社が今後グローバル化を進めていくためにも外資系のクライアント企業を増やしていきたいとの話だった。すでに、先輩社員が外資系のクライアント企業との契約を締結させている例もあり、どんどん私たち若手社員にもその挑戦を会社は求めているとのこと。社内でのキャリアアップのためには、避けて通れない道のようだ。

まず、そこで課題になるのは『英語力』。正直、英語は高校までの得意科目でもあった。大学の専攻は経営情報学だったが、履修科目に英語もあったため、大学卒業までは英語に常に触れていた。英検も二級までは取得している。しかし、大学を卒業して以来すっかり英語に触れる機会もなく、去年海外旅行でシンガポールに行った時に、片言の英語でもなんとかなったこともあり、今の英語力に甘んじている自分がいた。つまり、私の英語力は大学時代にピークを迎え、どんどん下降しているのだ。

その英語力というのもあくまでも学校の授業に即したもので、英文は読めたとしても、外国人と対等に喋れるかと問われると『Ｎｏ』だ。社会人向けの英会話教室に通おうか、それともひとまず通信教育の英語教材を購入しようか……私の頭の中は英語習得のことでいっぱいだった。会社が休みの土曜日の朝、自宅でのんびりと紅茶を飲んでいても、頭を過《よ》ぎるのは仕事のこと。

「英語喋れるようになりたいな……」

ため息をつくと、ふと私はひらめいた。

「やだ、一番いい方法があったじゃない！」

それは、高校の時からの大親友、竹前彩香《たけまえあやか》に連絡することだった。

■ 第一章

英語のスペシャリストとまゆこの出会い

社会人三年目の IT コンサルタント、坂上まゆこは一つの壁にぶつかっている。それは、仕事で活かせる英語スキルの乏しさだ。困ったまゆこが帰国子女の大親友・竹前彩香に救いを求めると、英会話スクール NOVA で“駅前留学”を立ち上げた長田實先生へ相談することを提案される。
こうして、まゆこは彩香と一緒に長田先生に会いに行くことに——。

■ 第一章　英語のスペシャリストとまゆこの出会い

大型連休初日の今日、大親友の彩香とランチを食べがてら、私の悩みを聞いてもらうことになった。その後は、一緒に映画を観に行くことにしている。

待ち合わせ場所にしていた渋谷のイタリアンレストランに先に到着した私は、幸運にも空いていた二人掛けのテーブルに案内してもらうことができた。ウエーターが水を置いて立ち去ったところで、聞きなれた声が耳に飛び込んでくる。

「お待たせ！」

いつものように大きめのトートバッグを肩にかけた彩香がはじけそうな笑顔で駆け寄ってくる。実家住まいの彩香は、彼の家に泊まることが多く、いつも荷物が大きめだ。また、雑誌の編集者ということもあってＰＣを持ち歩いているため、根本的に荷物が多いのだ。

「彩香～！　なんだか、前回会ってから少し空いた？　結構久しぶりな感じがするんだけど」

「そうかな？　あ、でも確かにそうかもねー。前回はバレンタインデーの頃だったたっけね。おお、私たちにしては随分空いたねー。元気だった？　その後仕事は順調？」

彩香は肩から降ろしたバッグを椅子に置き、私の正面の席に座った。

「うん、元気だよ。仕事はボチボチかな。新入社員が入ってきて、私もアドバイザーとかやるようになったよ」

「うわぁ、すごいね！　まゆこはデキる女路線まっしぐらだね！」

「そんなことないってば。デキる女には憧れるけど、私なんてまだまだ超下っ端だよ。アドバイザーだって名ばかりで、実質新入社員のお世話係」

「あー、分かる、分かる。うちにも新入社員入ってきたよー。初々しくていいよねぇ。って、でもさ、私たちだってまだ入社して三年しか経ってないってば、若い若い」

彩香はそう言いながら、目の前の水を一口飲み、おしぼりで手を拭いた。

「若いことには変わりないし、変わらず下っ端なんだけどさぁ……」

私はそこまで言って、一呼吸する。

「どした？」

彩香はおしぼりを置きながら言った。

「うん。まだ若いんだけど、でもなんだかんだで三年目になっちゃって。そろそろこの先のキャリアプランとかそれなりに考えなくちゃいけない歳にもなってきてるんだよね」

私は彩香にメニューを手渡し、ため息をついた。

「お、まゆこの今日のテーマはそれ？」

「うーん、そうね、キャリアプランって言えば、キャリアプランね」

「あれ？　もっと具体的な悩みでも何かあるの？　え、まさか結婚とか？」

彩香が思いもよらないことを聞いてきたので、私は水を飲みながらむせてしまった。

「彩香、冗談もいい加減にしてよー。私に彼氏がいないことを知っておいて、そんなこと言うなんてひどい」

「だって二カ月ちょっと会ってなかったんだから、その間何が起こるかなんて分からないじゃない！　電撃的な出会いがあって、婚約するくらい、二カ月もあれば十分できるし！」

彩香はランチメニューから小エビのトマトクリームスパゲッティ、私はあさりと水菜のペペロンチーノを選ぶとウエーターを呼んで注文する。それぞれ食後にホットの紅茶をお願いし、ウエーターが去ると、私は彩香に必死になって訴えた。

「ていうかね、そんな大事なことがあったら、迷わず緊急招集掛けるってば！」

今、私にとって最も縁がないもの、それは恋愛だということは紛れもない事実だ。

「なんだ、違うのか」彩香は口をとがらせて、わざとつまらなそうな顔をして見せた。

「で、電撃結婚の報告じゃないなら、何なのかしら？」

ついに本題に入り、私は言葉に力を込めた。

「実はさ、もっと英語ができるようになりたいなって思ってさ」

「なーんだ、そっちか！　でも、なんで？」

「そっちかって！　いやいや、あのね、この前上司と今年度の目標を立てるための面談があったんだけどさ、そこでどんなキャリアプランを描いているのかって聞かれたんだよね。正直、あんまりちゃんと考えてなかったから、なんとなく思いつくまま『顧客満足度を高める』とか『新規顧客の開拓』とか答えていたんだけど、上司と話しているうちに、社内でのキャリアップもしっかり目指したいっていう気持ちが湧いてきたんだよね」

「へぇー、なるほどね。まゆこの上司ってなかなか素敵な人ね。ちゃんと話を聞き出してくれるんだね。羨ましい！　それでそれで？」

彩香は、興味を持ってくれたらしく身を乗り出してくる。

「うん、そしたらね、出世を目指すなら、今それなりのポジションについている女性で、ロールモデルになるような人を探した方がいいよってアドバイスをくれたの」

「あ、まゆこの上司は男性なのね？」

「そうそう。で、それから社内で私もリサーチをしてみたら、出世している女性に共通していたのが、英語が堪能ってことだったのよ。私は彩香みたいに帰国子女でもなければ、留学経験があるわけでもないから、今のところ英語ができますってアピールできる要素がないわけ。それで、考えたんだけど資格試験を受けようかと思って。難易度が高いから諦めかけていたけど、英検準1級の勉強を再開しようかなとか、とりあえずＴＯＥＩＣの方がいいのかなとかいろいろ考えていたんだけど……」

英検の二級は、大学三年生のときに取得しているけれど、それから約五年も時が経ってしまっているので、退化した自分の英語力を戻すことにまずは取り組まなければならない。

「なるほどなるほど。資格ねぇ。昇進の条件にＴＯＥＩＣの点数も関係あるの？」

「うん、一応あるみたい。でも、その条件はそんなには高くないみたいなの。むしろ、その点数よりも、海外出張のあるプロジェクトのメンバーになるとか、外資系企業のプロジェクトメンバーになって英語で実務をこなしている方が、ずっと社内でのアピールになるんじゃないかって結論に至ったのよ」

私は、一気に捲し立てるとウエーターが持ってきてくれた水を飲み干した。彩香は私の話に相槌《あいづち》を打ちながら、聞いてくれている。

「確かに、まゆこの言う通り、会社はテストの点数より、実績を評価しそうだね」

「そうそう！　そうしたら、まずは何が必要かと言うと、そういったプロジェクトにアサインしてもらえるように手を挙げなきゃいけないってことなの。ところが、ここで大問題！　英語が必要とされるプロジェクトに手を挙げたい気持ちは山々なんだけど、心でどうしてもブレーキがかかっちゃうの。本当に私に英語で仕事ができるのかって。学生時代の教科としての英語はそこそこ得意だったけど、ビジネスで使えるかどうか、全く自信がなくて。彩香は英語ペラペラで本当に羨ましいよー。私も帰国子女になりたかった……って、それは言っちゃいけないんだったね」

私は、彩香を上目遣いに見て苦笑する。

「あはは、まゆこが言うなら許す」

彩香は商社勤めの父親の仕事の関係で、幼い頃から海外で過ごしてきた。今でこそ、日本語も英語も普通に喋ることができるが、私が知り合った当初の彩香は、日常会話こそ問題ないものの、どこかおかしな日本語を喋っていたのだ。大学で取った日本語の集中クラスで相当の努力をしたからこそ、日本語をマスターしているのだ。私には想像できないくらい、大変な思いをしたのだろう。

「言葉の勉強って楽しいけど、やっぱり難しいよね。私、英語をもっと自由自在に使えるようになりたい。でも、どうやったらいいのか全然分からなくて……。今更留学するわけにもいかないし。普通にフルタイムで仕事をしながら、英語がもっと自由自在に操れるようになろうなんて、無理な考えなのかな？」

ウエーターがちょうどサラダとパスタを運んできたので、テーブルに並べるのを目で追う。

「うーん、無理ってことはないだろうけど……。なんとかしてあげたいけど、どうやったらいいかは、残念ながら私には分からないな……」

彩香は難しそうな表情をして、そう言いながらサラダを食べ始めている。

「そうだよね。時間も限られているとなると、闇雲に取り組むわけにもいかないし。だからといって、英語の勉強が何もできていない今の状態のままだと不安だし。無難なところで、お手軽なオンライン英会話かな？　それとも、ちょっと気合入れて英語スクールに通ってみようかなー」

そういって、私が水に手を伸ばした瞬間、彩香が急に何かを思い出したように「あーっ！」と大きな声を出した。私は、びっくりしてグラスを倒しそうになる。

「そうだ！　お父さんが〝先生〟って呼んでいる人なら、何かいい方法を教えてくれるかもしれないよ。うちのお父さんも英語にはかなり苦労したらしいんだ。でも、その先生に出会って、英語学習のアドバイスをしてもらったら、苦手意識がかなり減ったみたい。それから、仕事も順調にいくようになったって。もしかしたら、まゆこの悩みも解消してくれるかもしれないよ！」

彩香はそう言うと、早速お父さんにメールを打ってくれた。私は、彩香にお礼を言いつつ、パスタを口にする。あさりの程よい塩加減とにんにくのスパイスが相まって、その美味しさに思わず笑顔になった。

＊＊＊＊＊

七月下旬の猛暑日となった日曜日の午後、私と彩香、そして彩香のお父さんは渋谷にあるセミナー会場にいた。彩香のお父さんの恩師である、長田實《ながたみのる》先生の英語セミナーがこの会場で開かれているのだ。長田先生のセミナーの存在を知った私たちは、一カ月前に予約をし、やっとこの日を迎えることができたのだ。セミナーには中学生くらいの少年・少女から、年配の方までも訪れていて、長田先生が幅広い年齢層から支持されていることがうかがえた。

長田先生は、あの〝駅前留学〟で有名な英会話スクールのＮＯＶＡでまさにその〝駅前留学〟を立ち上げた人らしい。今は、そういったご経験をもとに英語関係のコンサルタントもされているとのこと。もともと英語の教育者でいらっしゃったわけではなく、理系ご出身の先生は、独自の手法で英語教育を提案されてきたそう。そんな恐れ多い方に会えるなんて、緊張で私の手は汗まみれだ。それでなくても、渋谷から会場まで歩いてきただけで、背中も汗びっしょりになっているけれど。

セミナー終了後、彩香のお父さんの計らいで、長田先生の控室にお邪魔することができた。ドアをノックすると「はい」と、長田先生の返答があったので、私たち三人は入室した。

柔和な笑顔の長田先生を見ると、さきほどの緊張は不思議と消えていた。彩香のお父さんと世間話をされているのをしばらく見守っていたら、彩香のお父さんが「先生、こちらがメールでお話した坂上さんです」と私に話を振ってくれた。

「は、初めまして！　坂上まゆこと申します。彩香さんとは大学生のころからの付き合いで、今現在は社会人三年目でＩＴコンサルタントという仕事をしています。実は仕事において、キャリアアップのために英語力をつけたいと思っているのですが、なかなかその方法が定まらず、そのことを彩香さんにお話ししたところ、長田先生にアドバイスをいただいたらという提案がありまして、図々しくもお邪魔した次第です……」

結局いざとなると緊張が解けていなかった私は、堅くなってしどろもどろに挨拶をした。

「まあまあ、そう堅くならずに」

長田先生は相好を崩すと、私たちに椅子に座ることを勧めてくれたので、勧められるがままに椅子に腰を下ろす。

長田先生が控室にあったミニ冷蔵庫から「喉渇いていない？　コーラでいいかな？」とペッドボトルのコーラを出してくれた。蓋を開けると、「プシュッ」と爽快な音が鳴る。私は一口飲むと、少し気持ちが落ち着いたので自己紹介に引き続き、英語習得に関する悩みを打ち明けた。高校までは公立で、英語は得意だったこと。学校以外の特別な英語教育を受けたことはないため、自分の英語は受験英語でしかないと自覚していること。今は英検準1級に挑戦しているがなかなか受からないこと。読むことはできても、それ以外のライティング、スピーキング、ヒアリングはどうしても自信が持てないことなどを先生に一通り説明した。

長田先生は、「なるほどね」と大きく頷いてから話し出した。

「まゆこさん、それは典型的な日本人の英語に関するお悩みですね。今まさに、私の講演でも日本の英語教育の問題点についてお話ししているところですよ。ここで話すと長くなってしまいますが……」

その長田先生の発言を聞いて、彩香が一瞬、ニヤリといやらしい顔をしたのを見逃さなかった。私は、『まずい！』と、まるでナマズが地震を予知するかのごとく、目の前に訪れようとしている危機を一早く察知した。彩香が何か突拍子もないことを言い出すに違いない。

私の「ちょっと（待って……）」という言葉を遮るように、彩香は立ち上がって、こう宣言した。

「先生、どうか先生のお力を貸してください！　私の大親友のまゆこに、仕事で武器になるように、自由自在に英語が操れるようになる英語学習のコツを教えてあげてください！」

これは、完全にデジャヴだ。彩香は私の意志を確認することもなく、話を進めてしまうことがある。大学の謝恩会委員をやった時もそうだった。「私たちその仕事やります！」と言って、彩香は私の分まで立候補したのだ。その場の勢いに押されて受け入れた私だったが、あの時の大変さといったら相当なものだった。しかし私の動揺はよそに、長田先生が「竹前くんのお嬢さんのお願いだし、断れるわけがないよ」と柔和な笑顔で答えてくださった。

彩香はその場であっという間に次に長田先生にお会いする日を調整してくれた。持つべきものは、行動力のある頼れる友達だなと再確認しつつ、果たして自分は彩香にとって、そういう存在でいられているだろうか？　と考えてみた。私も彩香にちゃんと恩返しをしないといけないな……。

あなたのまゆこ度を調べてみよう！

まゆこ度チェック

- [ ] 日本で生まれ、最初に覚えた言葉は日本語だ
- [ ] 願望はあるけれど、一人で海外旅行に行くのはハードルが高い
- [ ] 学生時代の英語の成績は良いほうだった
- [ ] 外国人を前にすると、緊張してしまう
- [ ] 英語の読み書きは自信があるけれど、聞いたり話すのは苦手だ
- [ ] 洋楽や洋画など、海外文化に触れるのは好きだ
- [ ] スキルアップのために、今の英語力にさらに磨きをかけたい

チェックの数が

1～2個 … まゆこ度30
3～5個 … まゆこ度50
6個以上 … まゆこ度80

英語スキルを上げるワザは、次ページより要チェック！

■　第二章

日本人が英語を苦手とする理由は？

大親友・彩香からの後押しで英語のスペシャリスト・長田先生から英語レッスンを受けられることになったまゆこ。期待で胸を膨らまし、彩香と一緒に長田先生のオフィスに訪れる。しかし、そこで長田先生から聞いたのは、語学学習の機会は十分に設けられているが、脳の発達の旬の時期に適した学習過程になっていないなど、日本の英語教育の問題点ばかりだった。

■第二章　日本人が英語を苦手とする理由は？

九月といえども真夏日並みの気温となった日曜日、私は彩香と一緒に電車に揺られていた。今日は、長田先生のオフィスにお邪魔をすることになったのだ。最寄り駅に着き、早速二人で先生のオフィスを目指す。メモにあるマンションの一室のインターホンを押すと、「はーい」という声とともに長田先生が私たちを迎えてくれた。

そこはオフィスというよりマンションの一室で、長田先生は私たちをリビングに通してくれた。

「ようこそ。まぁ、座って座って」

そう言って長田先生は、椅子に座るよう勧めてくださった。

「道は迷わなかったかな？　あ、何か飲むかい？　コーラでいい？」

長田先生はキッチンに入ると、冷蔵庫からペットボトルのコーラを出し、一緒に何かがいっぱい詰まった瓶を持ってきてくれた。「はい、まぁ、これでも食べて」と、テーブルの上にティッシュペーパーを広げ、瓶の中のものを無造作に出してくれた。

「うわぁ、かりんとうですね。懐かしい！」

私が弾んだ声を出すと、彩香も一緒になって喜んでいる。

「かりんとうかぁ。ありがとうございます！　早速いただきまーす」

コーラにかりんとう、なんという不思議な組み合わせだろう。いまだかつて体験したことがない。どちらも黒く、そして甘いが、これがまたたまらなく美味しい！　私は一つでは止まらず、かりんとうを三つ程次々といただいてしまった。その絶妙すぎる組み合わせに感動していると、私の心の声を読み取ったかのように、長田先生が柔和な笑顔を見せて、尋ねてくる。

「案外、この組み合わせも悪くないだろう？」

「本当ですね、先生！　私コーラを飲みながらかりんとうを食べるのは初めてでしたけど、気に入りました！」

と彩香が言ったので、私もすかさず「私も今同じことを思ってました」と続けた。

「いやぁ、二人とも気に入ってくれてよかったよ。ほら、甘いものをとった方が、頭の回転もよくなるんだよ！　それでは早速だけど、今日の本題に入ろうか。まゆこさん、私の電子書籍『日本人はなぜ英語で苦労しているのか』には目を通してくれたかな？」

事前に彩香から長田先生のオフィスに伺う前に読むようにと言われていたので、長田先生の著作に目を通してはいたが、正直なところ私にはその本の中身の十パーセントも理解できなかったのだ。内容はというと、世界における英語の重要性だったり、日本の英語教育の問題点、なぜ日本人が英語を苦手としているのか、その問題についての解決策などで構成されていた。私にとってはやや難解で、その内容を誰かに説明するほどの理解までには到底達していない、というありさまだ。

「はい、読んだか読んでないかと言いますと、読んでみたのですが……」

そう言って、私が少しうつむくと、それを見た長田先生は、「はっはっはっ！」と急に大きな声で笑ってこう言った。

「その様子だと、読んでみたけど、読み解くのが少し大変だったということかな?」

「ええ、お恥ずかしながらその通りでした……。仕事で必要なマニュアルは読むのですが、論文を読むのは大学以来でして、少し頭痛がしてきました。申し訳ありません」

そう言って、私はおずおずと頭を下げた。

「いやいや、そんなに謝る必要はないさ。無理もないことだよ。私はあの本を書くのに、実に二十数年英語教育について考えてきたんだ。本に入っている図だってどうやったらうまく伝えることができるかと、数カ月間かけて練りに練って作ったものなんだ。そう簡単には読み解けないというのは織り込み済みなんだ」

「でも先生、読み解けなかったら伝わらないんじゃないですか?」

そう口を挟んだのは、彩香だった。私は彩香の歯に衣を着せぬ物言いにドキリとする時がある。こういうところが、やはり帰国子女だなと再確認させられる。人の顔色を伺う傾向のある私には到底言えるはずがない。そんな私の心配をよそに、長田先生はにこやかな笑顔を保っていた。

「はっはっはっ! 彩香さんのいう通りだな。まいったまいった」

しかし、次の瞬間には少し深刻そうな表情をしていた。

「そこなんだよな。私はこれぞと思ってあの電子書籍を世に出したんだが、なかなか理解してくれる人が少なくて困っているんだよ。真理をついているはずなんだが、どうもそれを理解する前に、脳みそを閉じてしまう人が多いみたいなんだ」

「先生、それはとってももったいないことだと思います。だって、私の父だって、『先生のおかげで英語学習の苦労から解放されて、苦手意識が本当になくなった』って言っていましたし。このセリフ、父が酔っ払うとその話になることがあまりにも多かったので、本当に私の父は先生に救われたんだなって、思っています。先生の主張がもっと世の中に知れ渡れば、私の父みたいに救われる人が増えると思うんですよね」

やはりその効果を間近で見ている彩香の発言には説得力がある。

「はっはっはっ！ ありがとう。そんな風に言ってもらえると本当に嬉しいよ」

そういう先生の言葉には嘘はないようだった。

「では、まゆこさん。この前お会いしたときにも大体話は聞かせてもらったけど、改めて具体的に英語習得の目的を聞かせてもらっていいかな？」

私は、一つ咳払いをすると長田先生の目を見た。

「はい。以前、セミナーの控室でした話と重複してしまうかもしれませんが、まずは私の仕事について少しお話させてください。私が新卒で入社したのはいわゆるＩＴ企業です。比較的大手のグループ傘下にある会社で、今は入社三年目になります。お客様の業務効率化のために、システムの導入をご提案するような仕事を担当しているのですが、今のところ、仕事で英語を使う機会は残念ながら全くありません。ただ、お客様の中には外資系の会社さんもいらっしゃるので、英語を使えるとより業務の幅が広げられます。それと、これから社内でキャリアアップを目指すには、英語ができるということが必須なのです。現に昇格していく女性幹部を見てみると、帰国子女や、留学経験のある方ばかりでだいたい皆さん英語がご堪能です。でも、私は帰国子女でもなければ、留学経験もありません。ちょっと学校で英語が得意だっただけです。でも、それでは仕事で英語を活かすというレベルではないと思うんです。将来的なことを考えると、今のままの英語のレベルではまずいなと危機感を抱き始めまして……それで、英語が堪能な彩香に相談してみたというわけです」

彩香につられてなのか、コーラとかりんとうのせいか、はたまたこの悩みが私にとって切実なものだからか、いつもより饒舌になっていた。

「なるほど。そういうことだったんだね」

そう長田先生が頷きながら言うと、次は彩香が口を開いた。

「そうなんです。まゆこが私に相談してくれて嬉しかったのですが、いざ解決しようと思うと、実は私、英語学習という部分では、自分自身がアメリカに住んでいたこともあり、苦労しないでここまで来てしまったっていうことに気づいたんです。だから、まゆこの相談を解決する術が自分では思いつかなくて、それで、どうしようかと思っていた時に、父がお世話になっていた先生にアドバイスをいただけるのではないかと思いついたんです。長田先生にお願いしたら、きっと何か道が開けるのではないかなぁと思って、すぐに父に相談しました。それで、この前のセミナーにお邪魔させていただいた次第なんです」

彩香も仕事が忙しいのに、私のために悩んでくれていただなんて、申し訳ない気持ちになった。

「そこで私のことを思い出してもらえて光栄ですよ。本当にありがとう。それで、ご存知かどうか分からないけど、あ、論文には書いていたから、既にご存知かもしれないね。あの本に書いた通り、僕はね、今の日本の英語教育に非常に大きな問題を感じているんだ。これは、冗談でもなんでもなくて、本当にものすごい危機感を抱いている。もう何年も前からグローバルな時代が来るといわれて英語の重要性が語られてきている。それにもかかわらず、悲しいことに日本人の英語力といったら、国際的評価において最下位グループなのだよ。私はね、英語教育のスペシャリストというわけではない。たまたま、『NOVA』の英会話スクールの立ち上げに携わり、日本の英語教育の現状というものを目の当たりにする機会を得た。それがきっかけで、もうかれこれ二十年以上日本の英語教育というものを見ているが、そんな私が自分なりに日本の英語教育の問題点を分析した結果をまとめて、私なりの解決策と提示したのが、この『日本人はなぜ英語で苦労しているのか』という本なんだ」

「そうだったのですね。是非先生のお考えをお聞かせください」

私がそう言うと、彩香も「お願いします」と続いた。

「お二人もご認識の通り、グローバルな時代がやって来ている。それは間違いないだろう？」

先生はそう言って私たちの方を見たので、私と彩香は目を合わせてから頷いた。

「それでは、グローバルな時代における日本の立場、というものを二人とも考えたことはあるかな？」

「グローバルな時代のおける日本の立場……ですか。考えたことがあるかと言われれば、ないこともないですよ。例えば、GDP[*2]で見た国別ランキングだと、一位がアメリカで二位が中国です。日本は三位ですが、二位の中国から大きく離れて三位に位置していたはずです」

彩香がすぐに答えたので、頭の回転の速さに私は感心していた。

＊2　GDP　国内総生産（Gross Domestic Product）の略称。国内で一定期間内に生産された商品や付加価値の総計。

「そうそう、その通りだよ。さすが竹前くんのお嬢さんだけあって、よく勉強しているね。トランプ政権になりアメリカが抜けてしまったが、ＴＰＰ11[*3]が象徴的であるように、多くの国々が新しい自由貿易体制を作る動きが進んでいる。グローバル化と言われ続けて長年経つが、ついにグローバル化本番の時期が到来していると私は思うんだ」

そう長田先生が返した。〝さすが竹前くんのお嬢さん〟と長田先生が言うだけあって、彩香のお父さんはかなり優秀な人のようだ。「そうですね」と彩香が言う横で、私は若干遅れて首を縦に振って頷いていた。実はこの手の国際問題が少し、いや少しどころではない、かなり私は苦手だ。社会人として当たり前のこととして把握しなくてはいけないことは分かっているのだが、新聞を購読しようとその時には思っても、またすぐ忘れてしまうのだ。話に置いていかれ、焦りを感じている私をよそに、長田先生と彩香の会話は続く。

「では、この状態は日本にとってチャンスだと思いますか？　それともピンチだと思いますか？」

長田先生が私たちに問いかけると、彩香は言葉に力を込めてこう答えた。

「私はチャンスだと思っています。少子高齢化がますます進み、日本の経済は縮小していくことが予想されています。この状態で日本国内だけに留まっていたらどうなるか……。そんなことをしていたら、日本の未来は明るくないと思います。もしかすると、チャンスというよりも、むしろグローバル化の道しか残されていないと言っても過言ではないんじゃないでしょうか？」

＊3　ＴＰＰ11　環太平洋パートナーシップ（Trans-Pacific Partnership）の略称。アジア太平洋地域においてモノの関税に留まらず、サービス、投資の自由化など、幅広い分野で21世紀型のルールを構築する経済連携協定。現在は日本をはじめ11カ国が署名。（2019年4月現在）。

「僕もね、彩香さんと同じように考えているんですよ。ピンチかチャンスかと言ったら、これから迎えるグローバル時代は、日本の経済復活のチャンスだと考えなければいけない。チャンスならば、そこにうまく乗っていくべきなんですよ。では、そのためにはどうしたらよいのか。そこを考えていきたいのだよ」

「先生、それはとても大事なことですね」

そう彩香が言うと、私も同調するように頷いた。

「ここで君たちお二人に聞いてみたいことがある。例えばＴＰＰに参加する国で、日本語が公用語の国といったら、どれだけあるかな？」

「それなら分かります。日本一カ国だけです」

私はやっと自分でも答えられる問題を見つけて、ここぞとばかりに話に割って入った。

「まゆこさん、ご名答。十一カ国あるうち英語が公用語として使われている国が、シンガポール、ブルネイ、マレーシア、ニュージーランド、オーストラリア、カナダの六カ国。メキシコ、チリ、ペルーの三カ国は、公用語がスペイン語。ベトナム語を話すのはベトナム一国ではあるものの、ベトナムのもう一つの公用語である中国語は、マレーシアでも公用語として位置付けられている。しかし、日本語を公用語としているのは唯一日本だけだ。その上、日本ではそれ以外の言語で公用語とされているものはない。このことが一体何を意味しているか、分かるかな？」

長田先生は、そう言うとコーラを一口飲んだ。

「答えは、簡単。とても当たり前のことなんだが、この先、いくら日本語を話していてもグローバル時代に対応することはできないってことなんだ。この部分に関しては、二人とも異論はないかな？」

「はい、ありません」

私と彩香は声を合わせて言った。

「さすが二人は大親友だけあって、息が合っているね。では、我々は何を今やるべきなのか？　私はね、今こそ、日本も、国を挙げて多言語理解の取り組みを行わなくてはならないと思うんだ」

長田先生のその主張に対して、誤った解釈をして話についていけなくなるのが怖くなり、当たり前かも知れないけれど、私は敢えて質問する。

「多言語理解の取り組みを行うとは、言い換えると、日本語以外の言葉も理解する努力をするという意味で間違いないですよね？」

長田先生は「まゆこさん、その通りですよ」と優しく仰ったので、私も発言を続ける。

「良かったです。そうだとしたら、先生の仰る通りだと思います。そして、優先順位を考えると、まず一番に日本人が身に着けなくてはいけない外国語が、英語ではないかと思っています」

「そうだね、まゆこさんの言う通り。最終的には、パートナーとなる国の相互の言葉でお互いを理解し合えることが理想なのだけれども、まず英語が主流になるのは、間違いない。では、どうして英語がこんなに世の中の中心となる言語になったか、それは二人とも考えたことあるかな？」

私は、深く考えずに、思いのまま疑問をぶつけた。

「そういえば、世界の公用語イコール英語って昔から当たり前に思っていましたが、たくさんの言語がある中で、英語がなぜ公用語になったのかなんて、考えてこともなかったですね。どうしてだろう？　簡単だから？　それとも、たくさんの人が喋ってるからかな！」

するると、すかさず彩香が発言する。

「まゆこ、たくさんの人が喋っているっていうなら、一番話者の多い中国語が世界の公用語になってもおかしくなかったんじゃないの？　単に話す人の数ではないと思うな」

「そう言われてみると確かに、彩香の言う通りだね。うーん、だめです。ギブアップ！　先生、なぜ英語が公用語になっているんでしょうか？」

私がお手上げの表情をすると、長田先生が説明を始めた。

「そうだね、では、そこの謎解きから始めてみましょう。君たちが生まれる前、そうだね、今から三〜四十年前位。日本中が産業国家、輸出立国、経済大国へと夢中になり猛進していた時代がある。その頃英語圏では何が起こっていたと思うかな？」

無言の私に代わり、彩香が答えてくれる。

「何でしょう……。少なくとも戦争でダメージを受けて、必死になって復興を目指して頑張っていた日本とは違って、アメリカやイギリスは経済的にずっと先を行っていたと想像します」

「そうだね、いい読みをしているね。その頃、アメリカでは、多民族や移民の受け入れ、大学教育改革・留学、様々な研修の受け入れが行われていた。その結果、多民族の交流研究開発が起こった。そして、サービス産業、ＩＴ産業などの第三次産業が発達してきたのだね。このようにして、世界中が発信・受信する共通化言語が誕生する。

つまり、英語のことだ。そして、日常で人が使う自然な言語としての英語と、ＩＴの世界で使う人工的な言語としての英語が二層を成して広がっていった」

長田先生は、淀みなくそう説明した。

「先生、今の部分少し確認してもよろしいですか？　ＩＴの世界で使う人工英語というのは、つまりプログラミング言語のことを意味していますか？」

私は必死で長田先生の話についていかねばと、質問をした。

「まゆこさん、そういうことだね。さすがＩＴ企業に勤めているだけあって、理解が早いね。私がここで言っている人工英語とは、プログラミング言語や、コンピュータやネットワークのコマンドなどを意味している。それらは、どれも英語がベースとなっているだろう」

私は「はい、確かにそうですね」と答えながら、プログラミング言語もコマンドの類も、英語が当たり前で、そもそも英語であることに疑問を持ったことなどなかったことを初めて自覚した。

「つまり、自然英語と人工英語が二層をなして底流しているのが、このグローバル時代というわけなのだよ」

長田先生は、そう言うとまたコーラを一口飲んだ。横で頷いている彩香を視界の片隅で確認しながら、私は「グローバル時代、ですか」とすかさず反応した。

「そう、先進国である英語圏の人々が、自分たちの都合のいいように自らの公用語である英語を、世界標準にしてしまったんだね。その方が彼らにとっては都合がいいだろう。結局、今の世界のイニシアチブを取ってきたのが、英語圏の人たちだったってだけの話だよ」

「なんか、ずるい感じがしますね」

私はちょっと子供じみているかもなと思いつつも、正直に感じたことを言葉にしてみた。

「はっはっはっ！　ずるいといえば、ずるいかもしれないね。でも、世の中だいたいそんな風に作られているんだよ。ゲームをプレイする側よりゲームを作る側の方がいつだって強いんだ。英語覇権主義だとか、帝国主義だとか言っていても、これはばっかりはどうにもならない」

長田先生は、微妙な表情の私と彩香を前に、明るくそう笑い飛ばした。

「そんな……、日本人としてちょっと悲しいです。でも、それが現状なのですよね」

幼稚な感想を抱いている私に、長田先生は丁寧に答えてくれた。

「そうだね、悲しい気持ちは確かに分かる。ただ一朝一夕で出来上がった世界ではないから、嘆いていても仕方ない。むしろ、私が問題に思っているのは、今の日本が、国全体として立ち向かおうとしている〝世界〟というものがそうであるという事実を真摯に受け入れられていないということの方なのだよ」

「それって具体的にはどういうことを仰っていますか？」

今度は、彩香が質問をした。

「日本は、日本語のみのガラパゴス化[*4]教育をひたすら続けているのが現状だ。グローバル時代が来ているにもかかわらず、だ。こんな状態を見ていると、日本は地球規模の教育の場を、冷静に眺めることができていないと

＊4　ガラパゴス化　諸外国との互換性を失い、孤立して取り残されるかもしれないという危険性。

しか僕には思えないんだよ」

「つまり、今のままの教育を続けていたら、日本の今後は雲行きが怪しいということでしょうか？」

彩香が質問を重ねる横で、私は、大学時代に彩香と一緒に取り組んだ社会学のフィールドワークのことをふと思い出した。『メディア社会学』がテーマで、新聞社に協力を仰いだ時に、記者を質問攻めにしていたのだった。

「日本の教育がまずいというと、語弊があるかもしれないな。日本語でこれだけの学問が勉強できるということは、それだけ研究や翻訳を進めてくださった人たちのご尽力があってのことだから、そのこと自体は素晴らしいんだ。しかしね、英語教育はどうだろうか？　日本で英語教育を受けてきたまゆこさんはご存知の通り、日本の英語教育はずっと、暗記メインの受験英語を中心に行われている。この状態では、日本は英語格差に甘んじてしまうんだよ。英語が席巻するグローバル時代を迎える上で、今の日本の英語力のままでいいと思うかい？」

「全くいいとは思いません。そうだよね、まゆこ！」

彩香にそう言われて、私は一瞬で直前の会話内容を反芻《はんすう》し、こう言った。

「そうですね。そうそう、私、学校では英語が得意だったはずですが、結局読んで理解することはできても、英語での交渉やプレゼンなど、英語で仕事ができるというレベルには至っていません。さっきも言いましたが、このままではグローバル時代を生き抜くビジネスパーソンとしては不十分です」

「私も、まゆこさんのように嘆いているビジネスパーソンを何人も目にしてきたよ。その通りなんだ。日本の英語教育はこのままではいけない。ところが、矛盾しているようだが、実は日本は、世界一語学学習の機会が多い国でもあるんだ。いろいろ調べてみたら、学校、塾、予備校、語学学校、TV、ラジオ、インターネット、個人レッスン、放送大学、語学留学、本格留学、社員研修……と、様々な機関で語学教育は行われてはいるんだ。さらに、日本人は海外旅行も意欲的で実際は英語を学ぶ機会は多い。しかしながら、そのような機会を得て、英語を学習し、実際に英語で仕事をしている人たちでさえ、英語学習で人知れず悩んでいることが多いんだ。なぜこんな現象が起きているか、私は不思議で不思議でならなかった。なんで、こんなに日本人は英語を勉強してきているはずなのに、英語ができないのだろうか。分かるかな？」

長田先生は、途中で苦い表情をした。

「うーん、何ででしょう……チャンスがあって実際に英語学習をしている人も、英語で悩んでいるっていうことですよね」

彩香がそう言って、また「うーん」と考え込んでしまったので、私は横から口を挟んだ。

「例えば、学校で受けた英語教育の弊害、ということもありますか？」

長田先生は私の質問に大きく頷いた。

「それも一つの理由として、考えられる。それと、そもそも、日本語と英語が大きく異なる言語だから、日本語を話す者にとって、グローバル時代に通用するレベルの英語習得は、想像を絶するほどの苦戦を強いられることになるということもあるんだ。大げさに聞こえるかもしれないが、日本でグローバル時代を迎えるというのは、ほぼイコール日本国内での言語教育革命が必須になるレベルの話だと私は考えているのだよ」

＊＊＊＊＊

長田先生のお話を聞いていると頭が痛くなってくる。英語を勉強するぞ、と一念発起したものの、その道のりの険しさを、英語学習のコツを教わるはずの長田先生からいきなり突きつけられたような気がしたからだ。とはいえ、暗くなって嘆いてばかりいても仕方がない。現状をしっかりと把握して、理想の状態とのギャップを把握し、解決に努めなくてはならない。英語学習だって一種の課題解決なんだよな、と自分に言い聞かせてみる。

彩香のお父さんは長田先生のおかげで、英語の習得がかなり楽になったというのは確固たる事実な訳だし、こんなところで打ちひしがれている場合じゃないのだ。再び私は気合いを入れ、コーラを一口含むと長田先生に質問を投げかける。

「先生、先ほど日本の『言語教育革命』って仰っていましたけど、とても大掛かりなお話のようですし、もう少し具体的に教えてもらえませんか？」

長田先生もコーラを一口飲むと、頷いた。

「そうだね。じゃあ、その話をしようかね。今もこうやって私は彩香さんとまゆこさんとコミュニケーションを取っているけど、コミュニケーションって一体どういうものか考えたことはあるかな？」

「コミュニケーション、ですね。えっと……、そうですね、文字や言葉、映像などを通じて、お互いの意思を伝え理解し合う、とかそんな感じでしょうか？」

私は、思いつくままに言葉をつなげてそれらしき定義を組み立ててみた。

「まさに、その通りだね」と長田先生。

私は、自分が的外れなことは言っていなかったようで、少しホッとした。

「コミュニケーションとは、基本的には言葉で意思を通わせるものだ。先ほど映像とまゆこさんは仰ったけれど、例えばテレビとか映画の場合、映像の中で人が喋ったり、文字がテロップで流れたりしているだろう。確実なコミュニケーションには言葉が欠かせない。さて、『言霊』という言葉は分かるかな？」

過去に、大学の講義で教わった気がしたので、すかさず私は「はい、分かります」と反応する。

「人間は自らの言葉によって『精神・身体・技術』を紡ぎ上げてきている。〝無理〟と口にしてしまえば、その言霊は脳や身体に伝わり、身体が思うように動かなくなったりするという経験は、きっと二人もしたことあるだろう。それくらい、言葉には大きな力がある」

私と彩香は二人とも相槌を打った。

「英語でコミュニケーションを取るということは、英語を言葉として習得し、言霊として交わせるようになる、ということを意味しているんだよ。どこぞの英会話教室でやるようなＴＰＯに合わせたお決まりのフレーズを覚えるだけでは、本当の意味でのコミュニケーションはできないということだ。英語の世界の人々と本当の意味でのコミュニケーションをしたいのであれば、言霊として交わせるレベルまでの英語の習得が必須になるということだ」

長田先生が雄弁に語っている間、私はただただ頷くばかりだった。長田先生の言っている意味が、自分の実体験と重なっている気がしたからだ。

「確かに、ＴＰＯに合わせたお決まりのフレーズを覚えるだけでは、本当のコミュニケーションはできないというのは、感覚的になんとなく分かる気がします。手旗信号で必要最低限のプロトコル*5のやりとりをしているような、そんなものに過ぎないということですよね」

私はなぜここで手旗信号が出てきたかなぁと自分に突っ込みたくなったが、多分そういうことを意味しているのだろうと思って聞いた。

「そうだね、そういう理解でいいですよ」と長田先生。

「それで、言霊として交わせるというのが、ちょっと難しく感じるのですが、それはただ英語を喋る時に頭の中でも英語で考えてとか、そういう話でもなさそうですよね」

私は、次も実体験を元に質問した。頭の中で言葉を一度思い浮かべてから、実際に会話することが何度もあるからだ。

「そうだね、そういうものではないね。言霊の説明が実は一番難しいのだけど、つまり世界の人々と本当の意味でコミュニケーションが取りたいのであれば、相手の文化や考え方なども、こちらは把握する必要があるのではないかということが言いたい訳だよ。英語という言語と、その言語の裏にある文化的背景とでもいったら分かりやすいかな？」

私は、そこでまたしても実体験を思い出し、エピソードを話し始めた。

「なるほど。それなら大いに納得です。私、大学の夏休みにバックパックを背負って東南アジアを旅行したこと

＊5　プロトコル　コンピュータ同士が通信をする際の手順や規約などのルール。

があるんです。ユースホステルでドミトリーに泊まったら、カナダ人の女の子たちと知り合って、慣れない英語を使ってもなんとなく話が盛り上がって、楽しい！　という経験をしたんです。ただ、相手がギャグを言った時とか全然意味が分からなくて、彼女たちは理解し合って笑っているのに、私は何を言っているのか訳すことはできても、笑いのツボが全然分からないというか……。それって、つまり言霊のやりとりはできてなかったってことですよね？」

周りが笑っている中愛想笑いしかできず、歯がゆい思いをした当時の情景を思い浮かべた。

「まゆこさん、なかなかいい経験をしているね。ジョークっていうのは本当に難しいと思うよ。映画を見ていても、日本人以外は笑っているのに、日本人は笑わないシーンがあったりするけど、それも同じ理由だろうね」

長田先生が大きく頷いた。彩香は逆に、帰国子女ゆえに日本に来たばかりのころ、日本のジョークが分からなかったことがあるらしい。

「私、英語は得意だと思っていたのですが、結局試験を解くという意味での英語は得意だけど、本当の意味で英語を使って誰かとコミュニケーションが取れるかというと、それは今の私にとってはとても難しいことです。でも、目指したいところはそこなんですよね。英語を道具として使えるようになりたい。そして、英語で〝言霊〟のやりとりをできるようになりたいです」

私は、まっすぐ、長田先生の目を見据えて言った。

「大丈夫、できるようになると思うよ。グローバルな世界での言霊のやりとり、目指そう！」

長田先生も、私を応援するかのように力強く答えてくれた。

「ちょっと横から失礼しちゃうけど、先生、先ほどのお話ですと、今の日本の英語教育では言霊のやり取りができるようにはならないというお話でしたね。それって、何か理由があるのでしょうか。教えてもらっている内容に問題があるからなのでしょうか？」

しばらく私と長田先生のやり取りを黙って見ていた彩香が質問した。

「彩香さん、なかなか鋭いところを突いているね。日本の英語教育は、教えている内容もさることながら、教えるタイミングにも問題があると私は考えているんだ。二人は『人間の脳の臨界期』って聞いたことがあるかな？」

長田先生は、そう言ってパソコンを起動し、リビングのテレビをモニター代わりにして、デスクトップに並んでいたあるファイルをクリックした。

「『人間の脳のりんかいき』ですか？　いいえ、聞いたことないです。先生、りんかいきってどういう意味でしょうか」

彩香はモニターを眺めながら、逆に長田先生に質問をした。

「彩香さん、臨界期は critical period という意味だよ。実は、私たち人間の脳には『発達の臨界期』、もう少し簡単な言葉に言い換えると『発達の旬』がきちんとあるんだ」

彩香は先生の説明にピンときているようで、すかさず質問した。反面、私は〝発達〟というキーワードで脳内サーチを掛けてみたものの、どうもあいまいな結果しか引っかからなかった。

「確か脳の発達はある程度の歳で止まってしまう、しかしそれは実は嘘だったというような感じの話であれば聞いたことがあるような、ないような気がしますけど、それとは違いますよね」

「それとは少し違うけど、同じ脳の話であるのは間違いない。実は、脳科学や心理学などいろんな方面から調べてみたが、人間の脳には、『13歳の言語の臨界期』、『18歳の思考の臨界期』、『25歳の記憶の臨界期』という3つの大きな臨界期があることが分かってる。具体的にはこの図（40ページ・図1（人間の脳の旬・三大臨界期））に示した通りだが、こんな風に、人間の脳には旬があって、その適切な時期に適切な学習をすることでより効果的に脳を発達させることができるんだ」

先生は説明しながら該当のスライドを、テレビ画面に大きく表示させた。

人間の脳の旬・三大臨界期

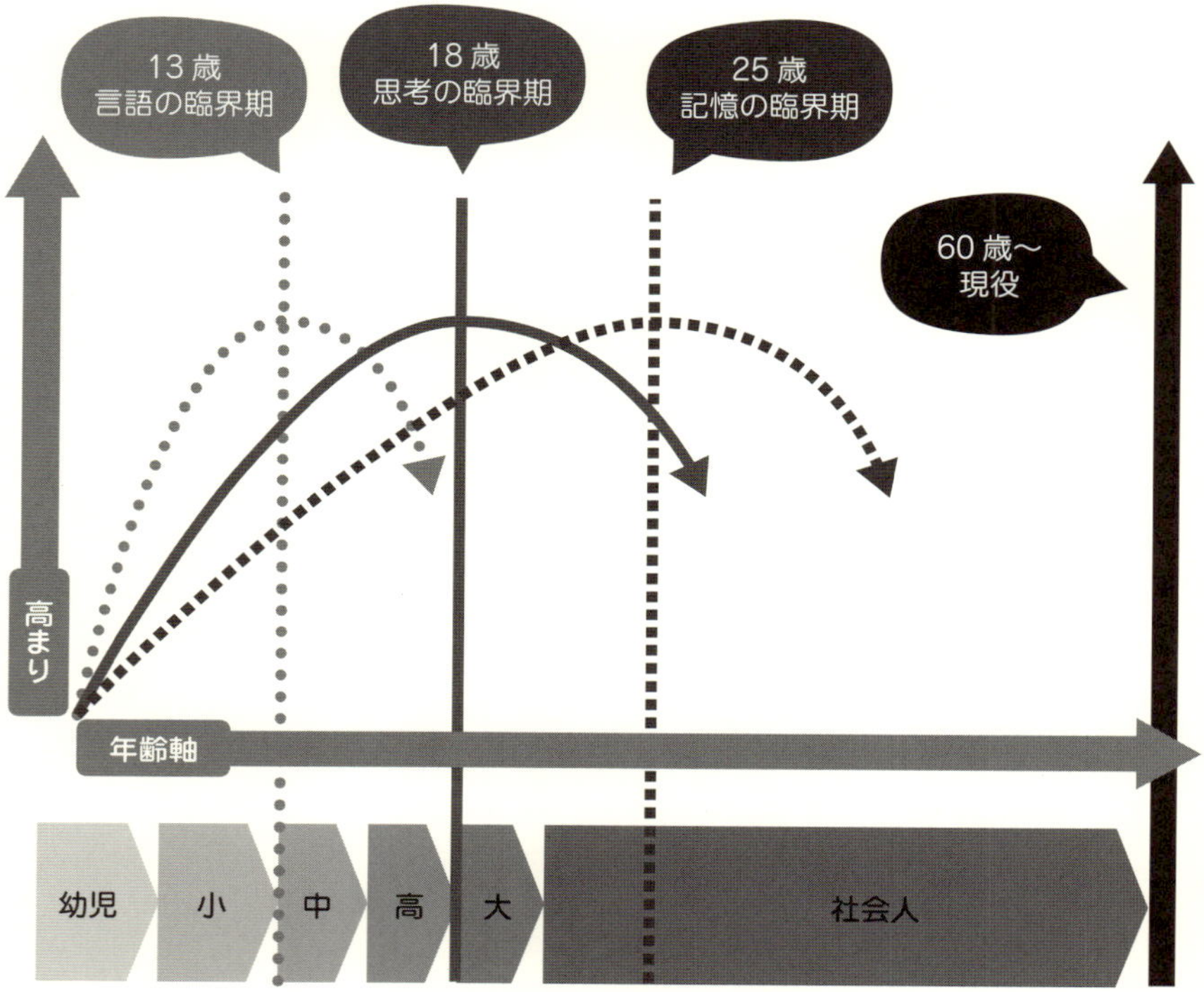

図1.　人間の脳の旬・三大臨界期

「つまり、英語学習も、この脳の発達の旬の時期に適した習得方法でなければならないということですね」

彩香はテレビ画面のグラフを興味深げに見た。

「そうなのです。ところが、まゆこさんは想像できるかもしれないけれど、今の英語教育は、こちらの図（41ページ・図2（人間の脳の旬を無視した英語教育））あるように、脳の臨界期を全く無視して行われているのが現状だ。問題だと思わないかい？」

「大きな問題……でしょうね。発達の臨界期を無視して

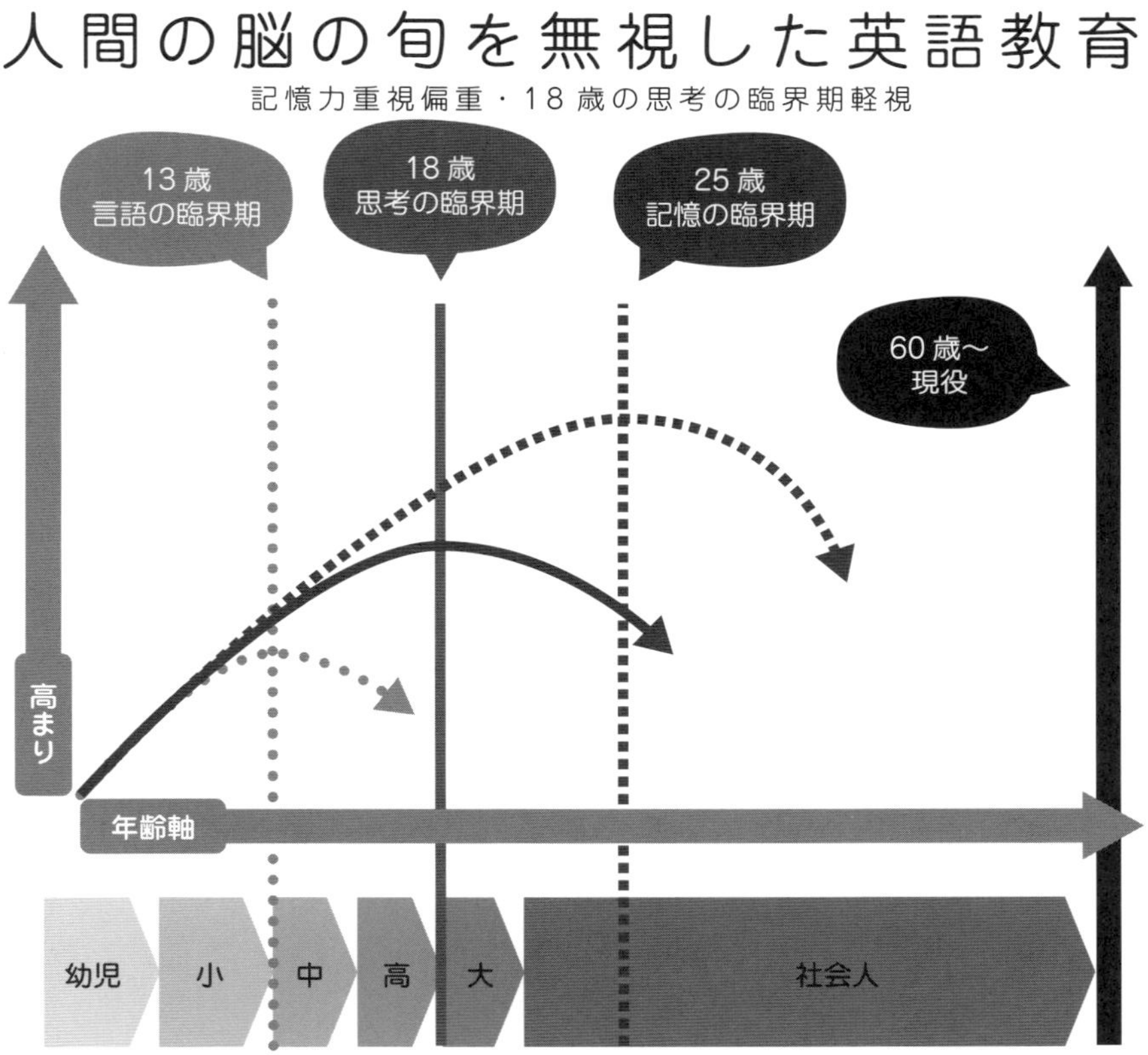

図2. 人間の脳の旬を無視した英語教育

いるっていうことは、せっかく英語を勉強しているのにその効果が全く表れないってことですよね」

彩香はため息交じりに言い放った。

「幼児期から、闇雲になって英語の暗記学習を続けていては、最悪、母語も思考力も記憶力も発達しないまま脳が成熟してしまう可能性もあるということだね」

長田先生も、渋い表情をしながら言った。

「効果が出ないだけならまだしも、成長のチャンスを逃す可能性まであるとは……。なんだか、この図を見てしまうと、一体全体私たちの受けてきた英語教育って何だったのだろうと、少し悲しくなってきます」

それは、私の正直な感想だった。やり直したいとまでは言わないけれど、無駄な時間がもしかしたらあったのかもしれない、と思うとやるせない気持ちになる。彩香も「確かに、まゆこの言う通りだね」と、一緒になってがっかりしてくれた。

＊＊＊＊＊

小休憩でコーラとかりんとうを堪能していると、長田先生は立ち上がり、そばにある本棚から一冊の本を取り出した。

「彩香さん、まゆこさん、この本はご存知かな？」

それは、ずいぶんと分厚い本で、表紙には、あどけない外国の少女が笑っている写真が使われていた。

「『よみがえれ思考力』ですか。いいえ、読んだことはありません」

私が素直に答えると、彩香も首を横に振っていた。

「ジェーン・ハーリーという方が書いたんだが、もう二十年位前の本だから、さすがに君たちは読んだことなかったかな。この本によるとね、誰もが様々なことができる能力や思考力の質を高めるには、脳内神経細胞のネットワーク構築の仕方が大事らしいんだ。ちなみに、脳は神経細胞の巨大なネットワークでできているという話は聞いたことあるかな？」

　私は、おぼろげな記憶をたどって答えた。中学校か高校の生物の授業で習ったような気がする。

「はい。詳しいことは全然分かりませんが、なんとなく聞いたことあります」

「この本の著者ジェーン・ハーリーによると、五感を通じて知覚し、言葉を交わし、思考し、記憶したりすることにより、脳細胞のニューロンが発達するのだそうだ」

「先生、ニューロンって言葉も聞いたことあるのですが、脳の細胞のことでしたっけ？」

　私が質問すると、長田先生は説明を始めた。

「ニューロンとは、脳を構成する主役である『神経細胞』と呼ばれる細胞のことで、神経細胞は、電気信号を発して情報をやりとりする特殊な細胞なんだ。神経細胞は、細胞体、樹状突起、軸索、シナプスなどでできている。人間が生まれたばかりの時には樹状突起は若木の小枝のように希薄で未発達な状態にあるらしいけどね。ニューロンは、樹状突起が隣接するニューロンの軸索から信号を拾い上げ複雑な電気的、化学的処理を経て軸索を下り、シナプスから投射される。そうやって、環境からの影響に反応し、隣接するニューロンとメッセージを交換しつつ、新しい物理的な結合を作り、それらをつなぎ合わせて効率的な連結システムを作りつつ成長していくらしい。そうそう、で何が言いたいかというとね、つまりね、私たちは様々な刺激に積極的に興味を持って関わることで、様々なことができる能力が拡大するようにできているんだ」

「まずは興味を持って、そして関わっていくってことが大切なんですね」

　彩香がそう言うと、私も同調した。

「そういうことだ。我々人間は、様々なことができる能力や思考の質を高める機能を持っている。その機能を効果的に発揮させるには、どうやって脳神経細胞のネットワーク構築をしていくかが大きく影響しているということなのだよ」

それを聞いて、私は思わず発言する。

「そう考えると、日本の教育は本当にこのままでいいのか、って突っ込みたくなりますね」

「そうなのだよ、まさにそこに私は突っ込みを入れたいんだ。就学期において、単なる記憶競争に明け暮れていては、人間としての脳力の高まりが得られないことになる。著者のジェーン・ハーリーも同様に本の中で警告を発しているんだ。先ほどまでの話とつながるのだけど、人間の脳には『成長期・成熟期・衰退期』とある。菜の花は蕾の内に食べることができるけど、開花した菜の花は食べることができないのと同じで、教育のあり方においても、脳の『成長期・成熟期・衰退期』に見合った学習方法を選ぶべきなんだ。脳科学や心理学の分野から見た『言語の臨界期』は、日本の就学制度の『6・3・3・4年制』が見事に一致している。このことには感心するのだが、逆に教育方法には多くの課題が見えてきたんだ」

言語の臨界期が日本の就学制度の理にかなっていたとは知らなかった。私は、新たな発見に喜びを感じた。

「まゆこさん、実質これまで学校でどれくらい英語の勉強をしてきたのか計算してみたことはあるかな?」

先生に突然投げかけられた質問に、私は即答することはできなかった。

「そうですね……、中学一年生から英語の授業が始まって、高校までの六年間と、大学でも英語の授業を取ったので、期間で言うと十年間ですかね。もちろん、ずっと英語だけをやっていたわけではありませんが……」

英語が一番の得意科目であり好きな科目ではあったが、その他の受験の必須科目に割いた時間もなかなか膨大なものだ。

「そうだろう。日本人は、最低でもだいたい六〜十年くらいは英語を学ぶ機会を得ているはずなんだ。さっきも少し触れたが、学校の授業、塾、予備校、語学教室、ＴＶやラジオ、今ではネットもあれば、個人レッスン、放送大学、留学に、社員研修と挙げればキリがない程、日本人は英語の学習機会に恵まれているんだ。語学習得機会の大国といっても過言でもないかもしれないな」

確かに、日本人は学校以外にも放課後塾に通う学生も少なくはない。

「機会だけは多くても、結局効果のある学習をしていないから、時間や労力を投資している割に成果がなくて、ますます英語に対する苦手意識が高まるという悪循環に日本人がはまっているということはないですか？」

私は、素朴な疑問を先生に投げかけた。

「おそらくそれは大いにあるだろうね。グローバル化の波とは逆行して、英語嫌いの日本人がますます増えていると巷《ちまた》では言われていますが、まあ無理もないだろうね。幼児期の子供から社会人までを対象に、日本では様々な英語の習得方法が語られている。やれ、まずは日本語のレベルをあげるのがいいだの、英会話がいいだの、音読すればいいだの、ネイティブの友達をつくればいいだの、習得の時期が早い方がいいだの……では、色々言われている中で一体何が本当の話なのか？　誰もが混乱しているのだよ。その結果『学べども学べない』、『学びを放棄する』、『学び直したいが学べない』という現象が発生しているんだ。これが日本の英語教育の現状。英語教育学者も現場の英語の教育者も、学力低下と英語力低下に歯止めがかからない状態を嘆いているんだ」

長田先生は一気にそう喋った。彩香が、嘆かわしいとでもいうように、横から悲痛な声をあげた。

「嘆いているだけで、動かないんですか？　効果の薄い英語教育を今まで通り進めているなんて、無駄です！　もったいないです。せっかくなら、さっき見せていただいた図にある通り、臨界期に合わせて効果的な英語教育を考えてほしいです」

私は彩香のこういう毅然とした態度が大好きだ。

「彩香さん、まさにその通り！　日本の英語救育をこのまま放置しておいていいわけがない。学習者の脳の臨界期に即した英語学習法を整理していく必要があるんだ。これは私が以前から主張し続けていることなんだ」

日本の英語教育も気になるけど、やっぱり私は正直なところそれ以上に自分自身の英語学習が気になってしまって、こう言ってしまった。

「現時点での日本の英語教育には問題があって、学習効果を十分に発揮できないような状態であることと、その改革の必要性は分かりました。でも先生、一体、具体的にはどうしていけばいいんでしょうか？」

「まあ、そうせっかちにならないで少し聞いてもらってもいいかな？　まゆこさん、日本語は不自由なく喋れているよね？」

先生は、はやる私の気持ちを抑えるかのように敢えてゆっくりと言った。

「はい、日本語なら不自由なく喋れています」

と言いつつ、日本語も完璧かと問われると、怪しいところだ。

「彩香さんはどちらかというと、英語の方が自由に話せるのだったかな？」

長田先生の視線が私から彩香に移ると、彩香は少し考えてから、話し始めた。

「私の場合、今は日本語も不自由なく話せますよ。大学一年生の頃、日本語を死ぬ気で頑張りましたから。でも、どちらかというと英語の方が話すのが楽チンっていうのはあります」

「彩香さんの場合は、帰国子女という特別なケースなので、これを語り出すと、話がもっと複雑になってしまうから、一旦忘れさせてもらって……。あ、聞いておいてすまない。まゆこさん、日本語は不自由なく話せるといったけど、では、日本語について説明することはできるかな？」

「説明するって、例えばどういうことを仰っていますか？」

私は、先生の質問の意図が分からず尋ねた。

「つまり、日本語の文法を説明できたりするといった、日本語の構造をきちんと理解していますか？　という質問だよ」

日本語をそれなりに理解して話すことはできていると思うけれど、誰かに改めて文法を説明できるかと問われると、自信はまったくない。恥ずかしながら、正直に答えてみる。

「そういうことですか。そうですね、それはちょっと難しいかもしれません。日本語専攻でもないですし、日本語にそこまで真剣に向き合ったことはないです」

「そうだろう。でも、日本語を不自由なく喋れているのはなぜだと思う？」

「それは、多分、日本語は生まれた時から身の周りの人が喋っていて、自然と触れていた言語だからだと思います。家族が家で話す言葉は日本語ですし、テレビをつければ日本語の歌や声が聞こえてくる環境で育ちました。

テーブルの上に置いてある新聞には日本語が書かれていて、学校の友達も皆日本語を話すし、私はそういう環境で育ちました」

最初に日本語を話した時のことは覚えていないけれど、両親に熱心に日本語を教えられたというよりは、自分で自然と話すようになってきたのだと思う。

「つまり、日本語がまゆこさんの何ってことかな？」

「何でしょう？　日本語は私の――、あ、母国語です！」

「確かに日本語はまゆこさんの『母国語』だ。であるのと同時に、『母語』でもある」

「『母語』ですか？」

「そう『母語』。『母語』と『母国語』を混同している人が結構いるが、実は二つの言葉は意味が違うんだよ。『母国語』は、その人の国籍がある国で話されている言葉のこと。『母語』は、その人が自然に身に着けた第一言語のことを意味しているんだ。日本人の多くはこの二つがどちらも日本語というケースがほとんどだから、あまり違いを意識していないっていうのが実際なのだけど。世界に目を向けたら、『母国語』と『母語』が違う人は大勢いるから、分けて使うようにしておいた方がいい」

先生の言う通り、その二つの言葉の意味を意識して考えたことはなかった。

「なるほど、そうなのですね。恥ずかしながら今日の今日まで『母国語』も『母語』も意識したことがありませんでした」

「まあ、無理もないだろう。普通に生活していたら、そう滅多にお目にかかる言葉ではないからね。失礼、話が少し脇道にそれてしまったね。それで、母語の話に戻るのだが、母語は日々の生活の自然な流れから無理なく身に着けていくものだということは、まゆこさんが日本語を習得する過程ですでに経験済みだから、理解できるだろう」

「はい、分かります！」

「では、実際に母語習得のために我々はどれくらいの時間を費やしてきたのか、ということを考えてみたことはあるかな？」

日本語習得に関しては、日本で生活していく上で自然としていくものだということは、先ほど理解できたばかりだ。母語に関しても同様だろう。

「そんなことは考えたことありません」

「まあ、そうだろうね。普通そんなことは誰も考えていない。私もまさか、自分がそんなこと考えるようになるとは思ってもみなかったのだが、まあ、とにかく計算をしてみたのですよ。この図（50ページ・図3（母語習得時間とは））を見てもらえるかな。ここに示す通り、母語の習得に費やした時間を一日16時間、つまり寝ている時以外の時間すべてとして換算した場合、『13歳の言語の臨界期』までに約76，000時間。『18歳の思考の臨界期』までには約110，000時間、『25歳の記憶の臨界期』までには約150，000時間も費やしていることになる」

「先生、数字が大きすぎていまいちピンときませんが、とにかく膨大な時間であるということは間違いないですね」

母語獲得時間とは

What is the mother tongue acquisition time

- ●13 歳の言語の臨界期　約　76,000 時間
- ●18 歳の思考の臨界期　約 110,000 時間
- ●25 歳の記憶の臨界期　約 150,000 時間

●16 時間 X365 日＝5,840 時間⇒約 5,900 時間

●全く異なる英語の習得
⇒言語脳に留めておく為の手掛かりが必須であろう

図3.　母語習得時間とは

私は、漠然とした感想を述べた。

「はっはっはっ！　膨大な時間ってことがイメージできれば、十分さ。何が言いたいかというと、母語習得のためにはこれだけの莫大な時間が費やされているということなのだよ」

長田先生の真意が掴めず、「先生一体何が言いたいのですか?」と言いたい気持ちを堪えて、こう言った。

「でも、それと同じ時間を英語学習に費やすということは、今更無理ですよね」

すると、まるで私の気持ちを受け止めてくれるかのごとく、長田先生は朗らかに言った。

「そこなのだよ！　英語は日本語とは全く異なる言語である上に、その学習に母語のように膨大な時間を割くこともできない。しかし、私たちは英語でコミュニケーションを取れるようになりたいと願っているのだ。では、この矛盾をどう解消していったら

いいか、その手掛かりをしっかり探っていく必要があると思わないか？　よく『英語は真似ればできる、聞けばできる』とか、『中学英語を丸暗記すればできる』とか、『英語圏に行けばできる』とか、『英語のネイティブを友人に持てばできる』なんて言うけれど、それって本当だと思うかい？」

長田先生の最後の質問に関しては、私はこれまでと違って強く断言することができる。

「最後の『英語のネイティブを友人に持てばできる』は、明らかに嘘だと思います」

そう私が言うと、長田先生は「お、随分強く断言するね」と少し驚いた様子を見せた。彩香は横で苦笑いしている。

「だって、私、ほぼネイティブといっていい彩香と友達ですけど、それだけじゃ、全然英語できるようにならないですから。そんな簡単なものじゃないと思います」

そんなことを自信満々に言う自分もどうかと思うけれど、事実なのだから仕方ない。もっとも、私にもっとやる気があれば彩香から色々吸収することもできたのかもしれないけれど。

「まゆこさんの言う通り、英語を身に着けるというは簡単なことではないのだ。特に我々日本人にとっては、難しいと言われている。どうしてだか、分かるかな？」

「なんでしょう？　先ほど先生も仰っていましたが、やはり日本語と英語が全く違う言葉だからじゃないでしょうか……。実は、私の母が韓流にハマっているのですが、母は暇さえあれば韓国ドラマを見て、年に二、三回お友達と韓国へ旅行にも行く程なんです。そうしたら、気がついたら韓国語を話したりもしているんですよ。本当にいつの間に？　といった感じで」

この前、静岡の実家に帰った時に久々に会った母親が、韓国語を会話の端々に挟んできたから驚いた。趣味が高じて、韓国語の教材も買って暇な時間を見繕っては韓国語を勉強しているとのことだった。

「ほぉ、それはすごいハマりようだね」

約十年前から韓国に熱中し出して、母親はパート代を韓国旅行につぎ込んでいるといっても過言ではない。

「そういえば、確かにまゆこママ韓流好きだったね。おかげでお土産の韓国のりをちょくちょくご馳走になってるし。直接お会いしたのは卒業式のときだからもう二年以上前だけど、韓国語が話せるようになっていたなんて！」

彩香が口を挟んだ。韓国に行くたびに何かしら韓国のお土産を買ってきてくれるのは嬉しいけれど、何度か食べきれない量の韓国のりを送ってくれたので、彩香におすそ分けしたのだ。

「そうなのよ。先生、それでですね、母にこの前、『なんで喋れるの?』って、聞いてみたんです。そしたら、『だって韓国語は日本語と似ているもの。文法も日本語とだいたい同じだし、似ている単語も多いから。簡単よ！』なんて言われてしまって、『冷蔵庫』は『ねんじゃんご』、『バス』は『ポス』って、ほら似てるでしょって。こちらは英語が一向にうまくならずやきもきしているのに、正直ちょっとその回答にはイラっとしてしまいました。私って心が狭いですよね……」

「はっはっはっ！　なかなかまゆこさんも正直な人だね。いやいや、その気持ちは分かるよ」

私の下らない愚痴にも、長田先生は明るくフォローを入れてくれた。

「先生、フォローありがとうございます。それで話を元に戻すと、英語の学習が私たちにとって難しい理由は何か、でしたよね。結局、母が韓国語はあっさり話せるようになっているのに、私は英語でそれができないのは、日本語と英語が全く違う言葉だからってことで、私の中では納得させています」

母に嫉妬していても仕方がないので、自分の中で勝手に言い訳を作っている。

「それはとても鋭い考察です。まさにその通りで、英語と日本語は、本当に何から何まで違う言語なのですよ。例えば、日本語の助詞。日本人の英語学習において、日本語の助詞の存在がかなりの曲者だと私は思っている。外国の人が日本語を学ぶ時にも、助詞を理解することがとても難しいと言われているんだ」

日本語学習に苦労した彩香が、すぐに反応した。

「納得です。英語には助詞がなくって、語順で意味が決まってくるけれど、日本語は逆に語順はどうでもよくて助詞で意味合いが変わってきますよね。しかもその助詞が、同じでも意味を複数持つものがあったりして、バリエーションが多くて、かなり苦労しました」

「彩香さんは日本語を語学として学んでいるだけあって、よく理解しているね。まあ、ご自身が日本語学習で苦労した経験もあるから、より実感があるのかもしれないね。数え方によって多少数値は前後するようだが、現在日本語の助詞はなんと115個もあると言われているんだ」

私たち二人は「えー！」と驚きを隠せない。私は、そのまま言葉を続けた。

「そんなにあるんですか？　私助詞なんて、あんまり意識したことないですね。あ、でも、助詞といえば『ご飯〝で〟いいや』の「で」とかは、母にうるさく言われましたね。『ご飯〝が〟いい』って言いなさいって。『ご飯でいいって何様よ！』って、高校生の頃、ほぼ毎朝注意されていました。国語の授業で少しだけ日本語の助詞も勉強したような気がしますが、ほとんど内容なんて覚えていません。その程度しか、やはり学校でも日本語の文法なんて勉強しなかったってことですね」

「そうなんだよ。ちなみに助詞のことをネットで調べてみたところ、韓国語にも助詞は51個あるらしい。日本語の半分以下だが、それでもかなり多い数だ」

彩香も「なんでこんなに日本語には助詞があるのって、私も勉強しながら嘆いたのを思い出しますよ」とぼやいている。

「これはあくまでも私の推測なのだが、日本語の助詞の多さには歴史的な要因があるのではないかと思っているんだ」

「歴史的な要因？　それって具体的にどんなことですか？」彩香が食いついた。

「私は日本語や韓国語の助詞は、中国からやってきた漢文を飼いならすために発展したのではないかと推測しているんだよ」

「漢文を飼いならす、ですか？」

彩香は全くピンときていないようだった。そういえば、彩香は漢文を習ったことはあるのだろうか。私はといえば、古文か漢文かなら漢文の方が好きだったのを覚えている。

「そう。飼いならすっていうのは、つまり、読み解くということだね。中国語は英語と同じで語順で意味が決まる言葉だ。学校で漢文を習っただろう？」

彩香は「いいえ」と首を振ったので、案の定授業で習っていなかったらしいが、私は、一応得意科目だったことをアピールしてみる。

「はい、やりました。レ点とか返り点とかを振って、行ったり来たりしながら読むのですよね。私、結構成績良かったです！」

「そう、それだ。韓国も日本も、漢文を読み解くためにレ点や返り点を駆使していた。きっと、その読み下しの過程で助詞が発展していったのではないかと私は思っているんだ」

「なるほどー。英語の勉強の仕方を教わるはずが、こういった言語の発展にまで目を向けることになるとは、言語って奥が深いですね」

私は、心の底からそう思った。まさか二十五歳になって、言語の進化についてここまで考える日が来るとは思っていなかった。内容は何であれ、知らないことを知るというのは楽しいものだ。

「結局英語を操れるようになろうと思ったら、こういった文法の違いや言語の成り立ちの背景の違いまでも理解しておくことに決して無駄はないので、どうか我慢して聞いてほしい」

確かに、それもいいけれど英語学習のコツも教えてほしいという思いが無いわけではない。しかし、この話も面白いというのが正直な感想だ。

「先生、我慢だなんて、とんでもないです！　私、こんな話聞いたことなかったんで、正直、今とっても楽しんでいますよ！　ね、彩香！」

隣の彩香も同じことを思っているようで、頷きながら答える。

「ええ、もちろんですよ！　先生の理論が正しいことは私の父が実証済みですから！　先生さえよろしければ、是非じっくり学ばせてください」

　私たちの前向きな総意を確認して、長田先生も安心したのか笑みをたたえている。

「ありがとう！　そんなこと言われると、私も長年研究してきた甲斐があったなぁと嬉しく思うよ。ところで、彩香さんは、大学入学のタイミングで日本に戻ってきたという話だったね。日本に帰ってから日本語の勉強で苦労したとのことだから、母語という意味では彩香さんは英語だったのかもしれないね」

「実は私もさっきから、お話を聞いていて気になっていたんです。私の場合は英語と日本語どちらが母語になるのかなって。プリスクールくらいからは日本語の補習校にも通い始めましたが、基本は現地校で授業はもちろん英語。友達と話す時も英語、生活の大部分が英語でした」

　そんな、日常がほぼ英語という環境にいた彩香を、私は羨ましくも思える。

「家ではどうだったのかな？　ご両親とは何語で喋っていた？」

「両親が日本語で会話するので、基本的には家では日本語でした。でも、正直面倒くさかったです。両親は日本語もちゃんと覚えて欲しいからと、家の中での日本語を徹底しようとしていたのですが、両親が見ていない場所で妹と会話する時は基本的に英語でした。込み入った話だと、両親にも結局英語で状況を説明しないと伝わらないということもありましたからね」

　確か彩香の妹は三歳年下で、彩香と同じタイミングで日本に戻ってきているものの、一人で再びアメリカに戻り、今は大学三年生のはずだ。

「彩香さんは、日本語の補習校に通ったり、ご家庭で日本語を使ったりと配慮をされていたし、ご自身の大学での日本語学習の努力の賜物もあって、いまや立派なバイリンガルだ。しかし、彩香さんのようにうまくいかずに苦しんでいるという人も実は結構いるんだよ」

彩香は思い出したように、手を軽く挙げてこう言った。

「あ、私の知り合いにもいますよ。アメリカにいた時に仲の良かった日本人のご家族の兄弟の話です。お父様のお仕事の関係でアメリカに長らく住んでいたのですが、小学校の途中で渡米したお兄さんは日本人学校に通っていて、まだ幼稚園児だった弟さんは現地校に通っていたんです。ある日、お父様が日本に帰国することが決まって、その時、弟さんは高校生だったんですが、日本語が全然喋れないことが理由で、日本に帰ることを拒否しました」

私は「えー、じゃあ、まさかお父さんだけ日本に逆単身赴任とか？」と驚きを隠せない。

「ううん、お兄さんは日本語もできたし、日本で暮らしたかったらしくて、結局お父さんとお兄さんは帰国して、お母さんと弟さんはアメリカに残っているの。要するに、家族が別居することになっちゃったの。まあ、あと少しすれば弟さんも大学生だし、そのうちお母さんも日本に戻ってくると思うけど」

「それって、つまりその弟さんの母語は完全に英語ってことですよね」

インターナショナルな悩みだな、と他人事のように聞いていたけれど、グローバルな世の中になるって、つまりそういうことが頻繁に起こる世の中になるってことなのかもしれない、とふと思う。

「そうだね。母語というのは、とても大事なんだ。なぜだか分かるかな？　結局、人は母語で思考するからなんだ。コミュニケーションのベースになる言語だからね。エピソードを聞いている限り、彩香さんの場合、どちらかということは、つまりそういうことですよね」私は、彩香が普段日本語を話しているけれど、思案している時は英語ということに、改めて驚きを感じる。

「さっき説明した臨界期の話を思い出して欲しいのだが、結局母語は幼少期から〝13歳の言語の臨界期〟までに形成されると言われている。ということは、英語の世界で生涯を過ごすと決めているなら、一日も早く英語が話されている世界で過ごすべきなんだ。逆に、日本で過ごしたいのであれば、日本語で。つまり、母語の形成期をどこで過ごすかということは、本来その親がもっと真剣に考えるべきことなんだ」

彩香は、なるほど、といった感じで大きく頷いている。

「先生、それとてもよく分かります。私たちのような帰国子女は必ず通る道というか、多かれ少なかれ、考えることです。母語は何だろうとダイレクトには考えなかったけど、自分のアイデンティティは何だろうって。母語は思考するための言語って先生が仰っていた通りで、思考のベースが英語っていうこと自体で、私の中の日本人としてのアイデンティティが揺らいでしまう時があります」

一気に話した彩香は一息つくと、再び話を始める。

「これって、なかなか他の人に理解してもらえないんですが、結局思考に使う言語の背景にある文化や言語特有の思考回路なんかも、絡んできているってことなんだろうなって、さっき言霊の話を聞いていたら思いました。多分そうやって自分なりに理解してきたのだと思います。正直、中途半端に日本語と英語の両方が母語のような位置付けになっている私の場合、話している言語によって、自分自身の性格まで変わってきてしまっているという自覚もあるんです」

日本語を話している彩香しか知らないが、英語を話している彩香とは性格に変化が表れるのは興味深いなと思った。

「それも、よく聞く話だね。私の知人の女性もまさにその気質があるよ。英語を話しているととても活発で何事も白黒つけたがるようなアグレッシブな性格なのに、日本語を話し出した瞬間、ザ・やまとなでしこのようになるんだ。言葉にはそれほどのパワーがあるということなのかなと、私は理解しているよ。しかし、さっきも言った通り、彩香さんは苦労されただけあって、いや、もしかすると今も苦労する場面がいろいろあるのだろうけど、日本でもアメリカでも生活できるベースを築けている。それはご両親に感謝しなくてはいけないことかもしれないね。さっきの彩香さんのお知り合いの弟さんではないけれど、母語を何語にするか考えずに成り行きで育ってしまった子供達で、本人の意に反して日本に帰るに帰れない日本人というのも北米の街々で私もよく目にしてきたからね」

帰国子女は一石二鳥のように私は考えていたけれど、帰国子女なりの苦労も多いということらしい。

「そっか、なんか彩香ごめんね。私、ずっと彩香のこと、ただただ羨ましく思っていたよ。日本語も英語も自然に上手に喋れるようになっているんだと思ってた。大学で日本語の勉強に苦労したのは知っていたけど、心のどこかで『でも日本語だったら簡単じゃない』なんて思っていたかもしれない。彩香の母語が英語だったら、それは私が英語を学ぶのと同じ苦労がそこにあったってことよね」

私が謝ると、彩香は豪快に笑い飛ばした。

「まゆこ、何を今更言っているの！　やだ、全然そんなこと気にしないでよ。恵まれているというのは嘘ではないと思っているし、バイリンガルっていうのは今や私の強みでもあるんだから、苦労してよかったって思っているもん！　誰かのための苦労じゃなくて、自分のための苦労」

やっぱり彩香は前向きだ。陰ながらの努力はさぞかし大変だっただろう。

「はっはっはっ！　やっぱり彩香さんの思考は英語なのかもしれないね。なんとなく、そんな頼もしさを感じるよ。そして、まゆこさんが彩香さんを気にするのも、やはりまた日本人の特有な思考のようにも感じるな。周りを慮《おもんぱか》るというか」

私はコーラを一口飲むと、「あ、忖度《そんたく》ですか？」と冗談めいた。

「はっはっはっ！　そうそう、忖度なんて英単語ないからな。もちろんそのニュアンスを表現することはいくらでもできるけど、何でも言葉で明確に伝える英語社会では忖度すること自体がなかなか理解され辛いことだろうね」

確かに、他人の心を推し量るというのは、日本特有の文化なのかもしれない。

「やっぱり、英語を学習するっていうことは、その背景にある文化や思考回路も理解していかないと、相手との本当のコミュニケーションはできないということですね」

英語を真に習得する難しさを、改めて突き付けられた気がした。

「そうだね。でも、よく考えてごらん、同じ言葉を話す者同士だって、きちんとコミュニケーションを取ろうとすると、多かれ少なかれ相手を理解する努力が必要だろう。だから、当然といったら当然のことなんだ。ただそこに言語の違いという要素が掛け合わされることで、コミュニケーションをより複雑にしてしまっているのだろうね」

＊＊＊＊＊

私と彩香がかりんとうをつまんでいると、長田先生が思い出したように私たちに問いかけた。

「そうそう、もう一つ、是非とも話しておきたいことがあるんだけどいいかな？」

私たちは「もちろんです」と同意した。

「コンピュータの仕組みからみて、人間の脳力のあり方についての話になる。まゆこさんはＩＴ企業にお勤めのことだから、もうご存知のことだと思うけれど、コンピュータの仕組みっていうのは、人間の脳の働きの一部を装置化したものだというのは、彩香さんはご存知だったかな？」

彩香は、意外そうな顔をして言った。

「え、そうだったんですか？　私パソコンを普通に使っていますけど、そういう風に考えたことありませんでした」

「コンピュータは、仕分けたり、計算したり、蓄えたり、作り上げたりを瞬時に行ってくれている。大量の情報やデータを指示通りに演算してくれる装置だね。コンピュータは、この概略図（63ページ・図4（コンピュータのメカニズム概要））に示す通り、データ入力装置、コンピュータ、出力装置で構成されている」

長田先生は、再びテレビモニターに一つのスライドを表示させた。

「さらにコンピュータの構成をもっと詳しくみると、CPU[*6]と呼ばれる演算装置は人間の脳で言うと思考のテーブルの役割をしている部分だ。Windowsなどの OSと呼ばれる基本ソフトは、情報や言葉の処理の約束方法を決めたもので、DBすなわちデータベースはデータ蓄積管理方法で、SWはソフトウェア、WordやExcelといったデータや文字を作成するツールだね。もしかしたらアプリといった方がわかりやすいかな。HDと記載されているのがハードディスクつまり記憶装置だね。ここにはデータが蓄積される。コンピュータはこれらの機能と仕組みによって、人間に変わって大量のデータや情報を高速で処理し、記憶し、蓄積してくれているんだよ」

「へぇー、そうなんですね。人間の頭の中も、同じような仕組みで動いているって考えればいいんですよね」

彩香はそう長田先生に確認した。

「そういうことだ。それで、コンピュータの性能を論じる場合は、CPUの処理能力の大きさを評価するのが一般的なのだけれど……。CPUは思考テーブルの役割をしているといった通り、まさに人間の脳そのものだ。人間は脳内ニューロンを沢山使って脳を発達させることで性能をより良くしていけるのだが、教育の現場を見てほしい。受験、受験と明け暮れている今の教育現場や塾では、過去問題、模擬問題などテスト問題集に取り組んでいる。しかし、これらの問題集の取り組みは、記憶レベルを測定するものであり、能力を高めるためのものではない」

---

*6　CPU　中央演算処理装置のことを意味し、コンピュータの中枢部分で、データを処理したり各種装置を制御したりする働きを担う。

コンピュータのメカニズム概要

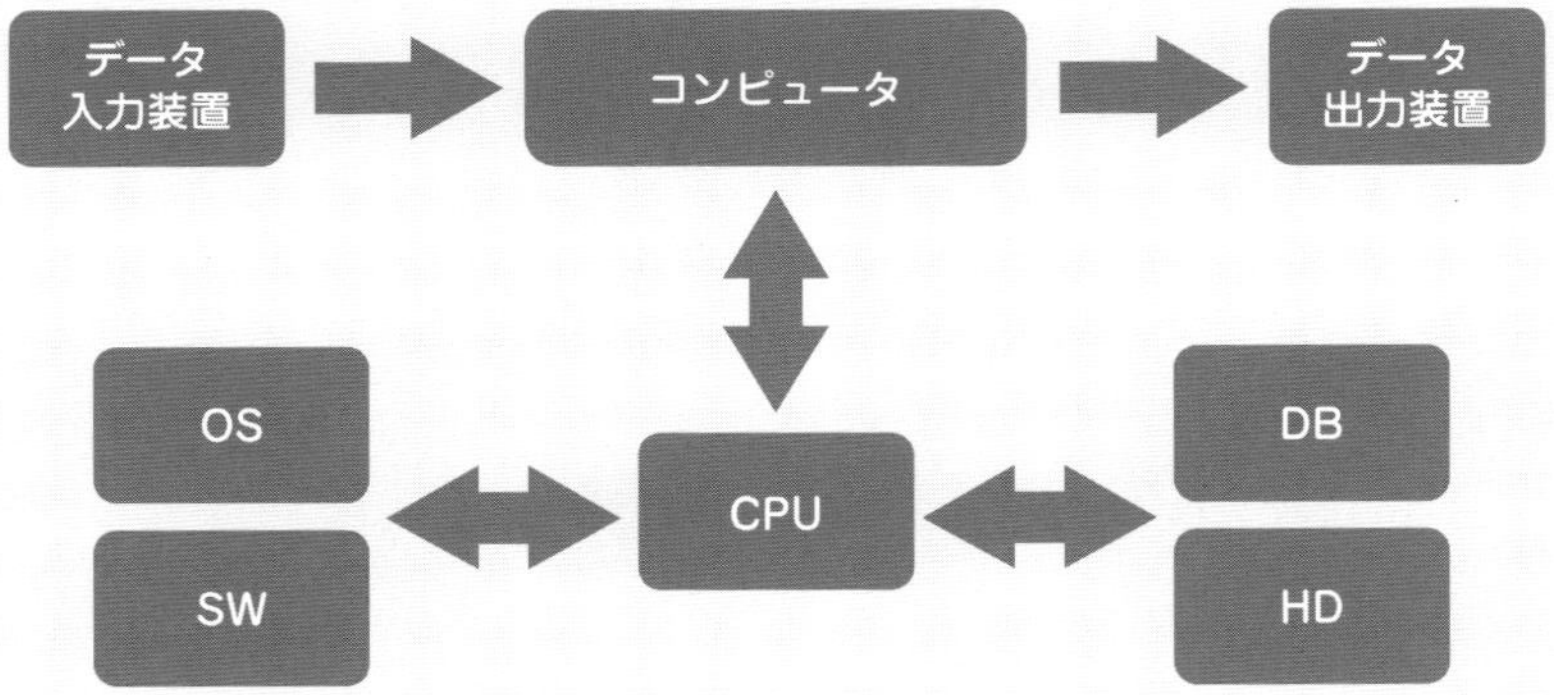

データ入力装置：キーボード・外部入力装置など
データ出力装置：ディスプレイ・プリンターなど

CPU　：演算装置
OS　：運営ソフト（Windows macOS など）
DB　：データベース（HDB[*7] RDB[*8] など）
SW　：ソフトウェア（Office　Adobe など）
HD　：記憶装置（内蔵 外付けなど）

図 4.　コンピュータのメカニズム概要

確かに、〝暗記〟を謳った参考書も多く、暗記術なる指南書もあるくらいだし、実際に暗記学習が必要な局面は多々ある。

「先生、暗記学習は無駄だという風に仰っていますか？」

私は、素朴な質問を投げかけた。

「いや、無駄だとは言わない。掛け算九九や元素記号のように丸暗記をしてしまった方がいいこともももちろん沢山あるし、暗記は必要だ。私が言いたいのは、暗記学習が増えすぎてはいけないということだ。そして、受験勉強のように限定された範囲の回答集の暗記がイコール思考力と勘違いしてはいけないということだ。暗記が増えすぎると頭はパンク状態になり、思考停止が起きる。コンピュータで例えるなら、ハードディスクやメモリーがデータでいっぱいになって、システムがハングアウトしてしまうイメージだ。それでは、元も子もない。『思考するとはなにか』をもう一度よく考えてみてほしいんだ」

私も、テスト前に頭に詰め込んで試験に臨むものの、時間が経てば忘れてしまい、〝勉強〟の意味が分からなくなることは過去にもあった。

「そういえば、私の前持っていたスマホも、最後は頻繁にフリーズするようになってしまい、しょっちゅう再起動をしていました。それでもなんとか誤魔化して使い続けて、ある日ショップに相談にいったところ、このままだといつダメになってもおかしくないし、突然壊れたら、データ移行も復旧も難しいと言われ、新しいのに変えました」と私が言うと、彩香も「それに、そもそも人間は再起動も難しいものね。コンピュータみたいに再起動してすっきり、みたいにはいかないもんね」と続けた。

「まさしく彩香さんの言う通りだね。人間が人間らしく思考を巡らせるためには、暗記学習ばかりしていてはいけないんだよ。暗記のような単純記憶では、単純処理、単純備蓄となりやすい。データベースで例えるならば、暗記で蓄積されたデータは結局階層型[*7]データベース状態で蓄積される。取り出すのも一苦労だ。しかし、本来あるべき人間としての学習は、関連記憶であり、様々なデータや情報をマルチに関連付けて記憶すべきである。

＊7　階層型データベースデータ　ＨＤＢ　木構造で表したデータモデルのこと。会社の組織図が一般的な例。問題点としては、データを上から下へと見ていくために親データと子データという関係が発生し、1つのデータを探す手順は1通りしか存在しないという特徴がある。

そして、思考というのは、ただデータベースからデータを取り出すのではなく、様々な情報の蓄積を関連付けて新しい情報を生み出すことであり、そこにこそ人間の価値があると、私は思うんだ」

「まさにリレーショナル・データベース[*8]的な状態を脳内に作ることができればいいということですね」

私はそう言って、長田先生の話を聞きながらもやもやとしていた頭の中を整理した。しかし、まだまだ頭のなかは混沌としている。

「まゆこさん、その通り。人間の脳内に起こってくる様々な現象や関心、喜怒哀楽などを通じて、新たに発想して創造することで、価値が生まれるというわけだ。そして、その繰り返しで脳が育つ。日本の教育の現場は、さっきから言い続けている暗記学習にも代表される通りで、『Push & Stock』型の学習が根底にあるんですよ」

長田先生がそう言うと、「なるほどー、『Push & Stock』型か」と彩香は納得していたが、私にはすんなりと入ってくる言葉ではなかった。

「『Push & Stock』ということは、押して、貯めるってことですか？」

長時間にわたって、長田先生の話を聞いていた私の脳は、だいぶ疲れているのかもしれない。

「そうだね、『Push & Stock』は『押し付けて、蓄積する』とでも訳そうか。イメージが湧くかな？」

長田先生がわかりやすく解説してくれたので、私も「なるほど～」と彩香に続いて納得した。

「じゃあ、まゆこさんに聞くけれど、『Push & Stock』型の教育は、どうだったかな？」

＊8　リレーショナル・データベース　RDB　関連しているモデルに基づいて、設計・開発されるデータベースのこと。

長田先生は、私の意識が少し朦朧《もうろう》としていることを見破ったのか、そんな質問をしてきたので、私はふと我に返って少し考えてから、こう答えた。

「先ほどまでお話していた通りで、『Push & Stock』型の教育のままでは問題があると思います」

「そうだね。まゆこさん。それでは、どうしたらいいかということについてだ。まゆこさんも彩香さんも、社会人になってから求められる情報処理能力は、それまでのものと全く違うと感じたことはないかな?」

「あります! うーん、なんて言えばいいでしょうか? 学校の時と違って、会社に入ってからは答えのはっきりしない課題を扱うことが圧倒的に増えたと私は感じています。あれ? これ、答えになっていますかね?」

私は、半信半疑で答えてみる。これは社会人になってから、本当に毎日感じていることだ。学校のテストにみたいに正解が一つだったら、どんなに楽だろう。でも、正解がはっきりしていないからこそ、面白みがあるのかもしれないなと思うことも最近は増えてきた。上手くいかなかったら、微調整してやり直す、ちょっとずつ改善していくことが仕事上では多い。

「まゆこさん、もちろん十分答えになっているよ。教育現場に比べ、社会人に求められる情報処理能力は全く違うんだ。ちょっとこのチャート(67ページ・図5(情報処理の七つのサイクルから見た能力))を見てもらえるかな?」

そういって、長田先生はテレビのモニターを注目するように私たちに促した。

「このチャートでは、『情報処理の七つのサイクルから見た能力』というものを図解しているんだ。グローバルな世界を生きていくために必要な七つの段階的な情報処理能力がある。具体的には、この図の下の凡例にある通

情報処理の七つのサイクルから見た能力

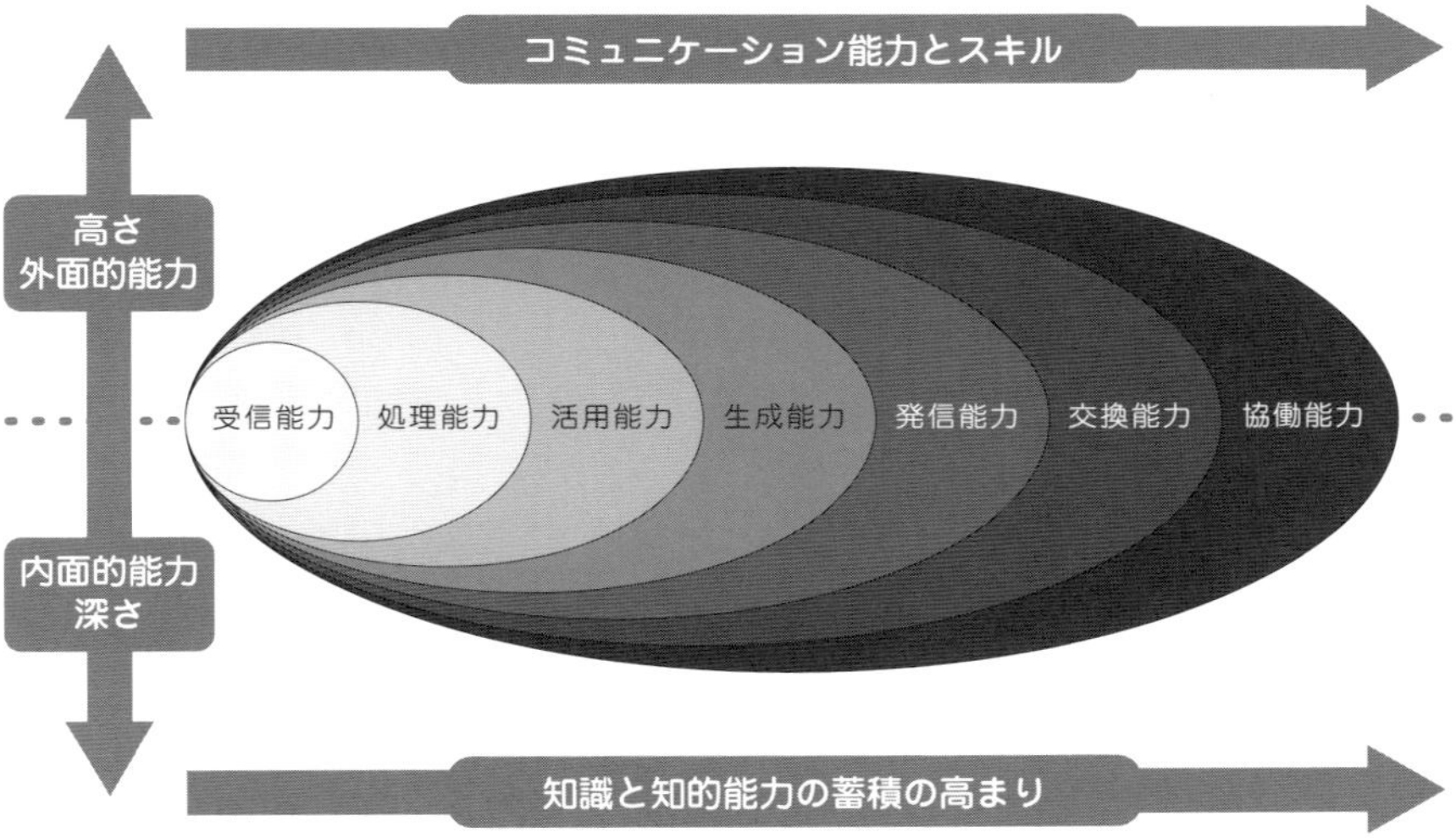

受信能力	読む　聞く　書き取る　受け取る
処理能力	判断する　取捨選択する　分類する　蓄える
活用能力	用いる　比較する　思考する　他の分野に活用する
生成能力	組み合わせる　新しく発見し創造する　思いを形にする
発信能力	話し伝える　書き伝える　思いを語り伝える
交換能力	お互いに認め合う　意見を尊重しあう　相互に交換し合う
協働能力	共有化する　共に実現に向けて取り組む　相互に役割をもって協力し合う

※北星学園大学武田教授提案

図５.　情報処理の七つのサイクルから見た能力

り。読む、聞く、書き取る、受け取るといった『受信能力』、判断する、取捨選択をする、分類する、蓄えるといった『処理能力』、用いる、比較する、思考する、他の分野に活用するといった『活用能力』、組み合わせる、新しく発見し創造する、思いを形にするといった『生成能力』、話し伝える、書き伝える、思いを語り伝えるといった『発信能力』、お互いに認め合う、意見を尊重しあう、相互に交換し合うといった『交換能力』、共有化する、共に実現に向けて取り組む、相互に役割をもち協力し合うといった『協働能力』の七つだ。社会人に求められているのは、まさにこの七つの能力で、これらに対応できなければ、活動の範囲と機会が限定されてしまうことになる。言い換えると、これがどれだけできるかが、仕事がどれだけできるかということになるんだ」

私と彩香は顔を見合わせた。社会人三年目にして、いったいどれくらいクリアできているのだろうか。

「ところが、話を教育現場に戻してみると、『Push and Stock』型の教育現場ではこの七つのうちの『受信能力』と『処理能力』という初めの二段階が中心になっているということが問題だ。三つ目の『活用能力』も含まれるといっても、せいぜいテストや受験で高得点を取るための要領に関心が向けられているのが事実だ。しかし、残念ながら、これから迎えるグローバル時代では、この段階的な能力を七つ目までしっかり発揮する必要がある。つまり『Push & Stock』型に対していうならば、『Pull & Flow』型の学習をもっと増やしていくことが必須だと私は考えているんだ」

また新しい英単語が出てきたので、私は脳をフル回転させる。

「先生、『Pull & Flow』というのは、引き出して活用させるという意味ですよね？」

念のため私が確認すると、長田先生はゆっくりと頷いた。

「ＩＴの進化を考えれば、別に暗記していなくてもインターネットで検索すれば、だいたい何でも調べられますし、必ずしも全てのことを暗記して溜めておく必要ないですよね。むしろ、いかに欲しい時にそれを引き出せて、活用できるかの方がずっと大切ってことですよね。そうしたら、確かに学校でも『生成能力』、『発信能力』、『交換能力』、『協働能力』を身に着けられるような学習をもっともっと増やしていくべきだということですよね」

私はそう言いながら、彩香が通っていたアメリカの学校の授業はどうだったのかが気になった。

「まさにそういうことだよ。日本人の学力低下や国際競争力の低下にも、この辺りに遠因があると私は考えている。日本の学生たちは『18歳の思考の臨界期』が全く無視され、実は低レベルな英語の、単なる暗記学習のために多大なエネルギーを費やしてきた。ほとんどの学生が、英語をものにできずに自信喪失に陥っている間に、英語圏の学生たちは、哲学、文学、自然科学、生命遺伝子科学、エレクトロニクス・コンピュータ科学、宇宙科学など、新しい時代の要請にマッチした学習機会を得ている。英語圏の学生は、こうして、高度な知識の習得、研究開発、思考力、想像力、判断力、問題解決力の向上に努めている。しかも、自分の意思でそれを選び希望に満ちて学んでいるのだからね」

つまり、教育に無駄がない、ということだろうか。そう聞いてしまうと、急に英語圏の学生に置いてけぼりにされている感覚になってきた。

「まさに『Pull & Flow』型ですね！　自ら興味・関心を持って、学習に取り組んでいるということは本来あるべき姿ですね」

私が言うと、彩香もこう続けた。

「確かにアメリカの学校では早いうちからスピーチやプレゼンテーション、ディベートなんかも授業に取り入れられていて、受け身な授業というより、自分で調べて、調べたことを自分なりにまとめたり、さらに自分なりの考察を加えたりして発表する場がたくさんあったように思います。それから、プロジェクトのようなグループワークも結構あって、何らかのテーマに関してグループでリサーチしてまとめて発表するといったようなこともやりましたよ。チームメンバーと調整したり、リーダーシップを求められたりする場面も多かったように感じます」

「そうなんだ。アメリカの学校教育ってそんな感じなんだね」

前に何かの記事で、アメリカの大学は〝学習〟ではなく、〝学修〟だ、と書いてあるのを見たことがある。私が興味深そうにしていると、彩香はさらに続けた。

「うん。それから、アメリカでは夏休みも日本より長いから、その間にサマーキャンプに参加して自然と戯れつつ、リーダーの大人たちとも関わりながら、いろんなルールを学んだりする機会というのもありましたね。アメリカは夏休みがちょうど学年の切り替わりになるから、宿題もなくて、キャンプだけじゃなくて、みんな思い思いに自分の興味がある分野のことに熱中している人が多かったように思います。そうそうディベート・キャンプにチャレンジする人もいました。私の友達はディベートにとてもハマっていて、高校生の大会で州大会を勝ち抜いて、全米大会にチャレンジしていましたね。あれも確か夏休み期間中だったような……」

私は、どっさり出される夏休みの宿題を思い出す。膨大なテキストに膨大な宿題で、気分転換に図書館の自習室を色々渡り歩いたのだった。

「なんだか、夏休みも宿題に追われる日本の学校とは大違いだね。羨ましいなー。それにしても、長田先生、これが現実なんですかね？　なんだか、私どんなに英語を習得したところで、本当にグローバルな世界に踏み出せるのかまた少し不安になってきてしまいました」

英語で話すことはおろか、ましてやディベートなんてとんでもない。

「まあ、でもそんなまゆこさんのすぐ弱気になってしまうところも、日本の教育の弊害かもしれないね。でも、勘違いしないでほしいのは、まゆこさんを不安にさせるためにこの話をしているわけではないということだ。ただ現実を正しく認識してほしいだけなんだ。私が訴えたいのは、日本の教育システムには大転換が必要ということだ。そして、そのためには、まずは英語教育システムを革新することが急務だと考えているんだ」

私も彩香も、テレビモニターに映し出されたスライドに見入ったままだ。

「それで、私が英会話スクールで留学事業を立ち上げて、多くの留学生を海外に送り出していた、というわけなんだ。アメリカやイギリスやオーストラリアといった英語圏の大学に出向いては、提携してほしいと交渉していた時に、英語圏の大学の学長が私にこんなことを言ってきた。どうやらその大学では、以前日本から教育者が訪問してきたことがあるらしく、様々な大学関係者がその学長に『あの日本人の話す英語が分からない』とか『あの日本人の話す内容が分からない』や『あの日本人が何を期待しているのか分からない』といったことを言ってきたそうだ。英語が達者ではない旅行者ではなくて、日本の教育者がそう思われているというわけだ」

私は、正直に尋ねてみた。

「先生は、つまり今の英語教育者達が頼りないということを仰っているのでしょうか」

「まあ、そうははっきり言えないのだけれどね。でも、日本国内では、英語という科目は学業成績を評価する上で、今一番重要視されていると言っても過言ではなくて、進学進路を決定する運命がかかっている教科とも言える。ところが、それほど重要視されている科目であるにもかかわらず、世界の評価する日本人の英語力は、世界でも最下位グループなのだよ。この悲劇のような状況が、私にとってはもどかしくてならないんだ」

長田先生の話を聞いていると、今の日本が危機的状況にあることが伝わってくる。さらに、長田先生はため息をつくと、話を続けた。

「それなのにだ、私が日本の英語教育のあり方について、英語教育関係の人たちと論じても、なぜかなかなか共有できる建設的な意見が返ってこないのだよ。私はもともと理系の人間だから、もしかしたら根本的に英語学者や英語教育者とは、相容れないところがあるのかもしれないけれど」

「変革をするためには、新しい風を外から吹かせるっていうのは、いいことなんじゃないでしょうか。微力かもしれませんが、その一助になるように私たちの世代も頑張っていきたいと思います！」

私が先生を励ますように明るく言うと、彩香も大きく頷いている。

ビジネスで使える英語を習得するヒントを得るために長田先生のオフィスを訪ねることになったわけだが、そんなに単純な話ではなかったようだ。今回、日本の英語教育の現状を目の当たりにし、日本人が英語を苦手としている根深い問題を知ることとなったのだ。

時計もあっという間に夕方の六時を過ぎていたので、今日のところは長田先生のオフィスを後にすることにした。

「前置きの話が長くなって申し訳ない。次回はもう少し具体的な話をしよう」

長田先生は、柔和な笑顔を浮かべながらまた次の約束をしてくれることになった。次回は、外でランチをしながら、続きの話を聞かせてもらうことになり、私と彩香は長田先生に挨拶をすると、最寄りの駅まで歩いた。

「改めて、彩香がすごい努力家ってことが分かったよ。自分の母語でない言葉を習得するって並大抵のことじゃないんだね」

私は、彩香のことを尊敬の眼差しで見つめた。

「なになに、急に！　まあ、実際大変なのは確かだったけどね……」

「私も彩香みたいなバイリンガルになれるように頑張らなきゃな！」

私は思わずガッツポーズを作ると、彩香から「頑張って！」と背中を結構強めに叩かれたので思わずよろける。

「ごめんごめん！　どうやって英語を習得すればいいのか？　っていう部分を次は聞けるといいねー」

そうこうしているうちに駅に到着し、私たちはちょうど来た電車に飛び乗った。

第二章のまとめ

POINT 1 英語が世界を席巻しているグローバルな時代

グローバル化にともなって、日本人がまず最初に身に着けなければいけない言語が英語と言われている。世界の公用語＝英語と考える理由としては、IT の世界で使うプログラミング言語は英語がベースになっていること。これにより、英語圏の人々がイニシアチブをとってきたと考えられる。

POINT 2 日本は語学学習機会の大国である

日本は、世界一語学学習の機会の多さに恵まれている国である。それにもかかわらず、英語学習で悩んでいる人が多い。その理由としては、日本人が習ってきた英語はあくまでも暗記メインの受験英語であること、そもそも日本語と英語が大きく異なる言語だからと考えられている。

POINT 3 人間の脳には臨界期がある

人間の脳には、13 歳の言語の臨界期、18 歳の思考の臨界期、25 歳の記憶の臨界期という3つの大きな臨界期がある。脳の発達の旬の時期に適した学習をするのが一番効果的だが、実際の日本の教育は、この旬の時期を無視した英語教育になってしまっており、成長のチャンスを逃している可能性がある。

POINT 4 母語の獲得は簡単ではない！

「母語」は日々の生活の中で自然と身に着けていくもの。母語習得のために割いた時間を同様に英語学習に割くことはできない。日本語と英語が全く違う言語だから、日本語を「母語」としている日本人にとって英語は習得するのが難しい言語となっていて、特に「助詞の使い方」がネックになっていると思われる。つまり、母語の形成期（幼少～ 13 歳の言語の臨界期）にどこで過ごすかが、言語獲得において非常に重要となる。

■　第三章

英語を音から習得する方法とは？

前回、日本人が英語を苦手とする理由を日本の教育の背景に基づいて長田先生から教えてもらったまゆこ。

彩香と共に再び長田先生に会いに行くと、日本語と英語の二つの言語の違いを知ることになる。自分の英語スキルの低さに開き直りかけるが、先生からその解決策となる英語のネイティブ講師の「ボイス・トレーニング」を提案される。その全容とは？

■第三章　英語を音から習得する方法とは？

日本はいったいどうなっているのだろうと思えるほど、十月になってもコートが不要なくらい暖かな気候となった土曜日。

今日は、長田先生から第二回のレッスンを受ける日だ。前回の帰り際に、長田先生のオフィスではなく、外でご飯を食べながら行うということになり、彩香が決めた横浜駅のイタリアンレストランで先生と待ち合わせをすることになった。横浜には、普段あまり行くことがないため、土地勘がない私は、横浜に詳しい彩香と駅で待ち合わせてから向かうことにした。待ち合わせ場所にしたお店は駅から近く、彩香から「ここならまゆこ一人でも迷わなかったね」と言われるほど分かりやすいビルの二階にあった。

長田先生との待ち合わせは一時だけれど、十五分前に着いてしまったので、まだ長田先生は到着されていないようだった。入り口でウエーターに案内され、奥の窓際の席についた。さすがは土曜日の横浜というだけあって、おしゃれな雰囲気の店内は若い女性を中心に盛況だ。彩香と早速ランチメニューを開き、何を食べるのか思い悩む。

「私このCランチにしようっと」

私と違って優柔不断ではない彩香は早々と決めたらしい。

「えー、早いよ～。どうしようかな……」

私がメニューに目を落としていると、「お待たせしたかな」と頭上から声が聞こえたので見上げると、長田先生がいらっしゃった。四人掛けテーブルの上座に座っていただき、先生にメニューを手渡す。彩香が「ここのお店、なんでも美味しいんです」と一言付け加えている。

長田先生は少し迷った結果、Dランチの牛肉と根菜のミートソースグラタンセットにしていた。彩香のCランチはホタテと小松菜のペペロンチーノセット、私はずわい蟹とキャベツの和風スパゲッティセットを頼んだ。ウエーターに注文を告げると、さっそく私は先日のお礼を言う。

「先生、この間は本当にありがとうございました。日本の英語教育の問題点という根本的なところから、日本人の英語に対する苦手意識が生まれたという経緯がわかりました」

「いやいや、前置きばかりが長くなって申し訳なかったね。色々と伝えたいことが多くなってしまって。今日は、英語が話せるようになるためのポイントからお話したいと思っているよ」

私は、自らの英語力向上のため、「はい、お願いします！」とつい発言に力がこもってしまったが、隣にいる彩香も幾分か気合いが入っているように思えた。

「ところで、みんな〝英語を学ぶ〟というけど、私は〝英語で学ぶ〟ことをしないと、先日も二人に教えた〝言霊〟にはならないと思うんだ。言霊を学ばなければ、〝言葉〟として学ぶことができない。そのためには、まずは日本語と英語という二つの言語の違いをもっとしっかり認識するってことが必要だ」

「日本語と英語の違いがしっかり認識できれば、英語ができるようになりますか？」

私はまたしても、前のめりなことを言ってしまった。

「はっはっはっ！　まゆこさんは本当にせっかちだねぇー。でも、重要なポイントなんだよ。実は今までの英語学習において、その部分をすっ飛ばしてきてしまっているというのも、今の英語教育の大きな問題だと私は考えている」

長田先生は水を一口飲んで、窓の外の景色を見ているようだった。

「そうなんですね。でも、日本語と英語の違いって具体的にどんなことがあるでしょうか。先日話していた助詞の有無とか？　あ、文字も違いますよね、それに発音も……？」

またもや先走る私は、長田先生に「まゆこさん、まあそう焦らずに」と優しく諭される。

「あ、すみません。焦っているわけではないのですが……。でも、早く話の続きが聞きたくて、ついつい前のめりになってしまっているみたいです。先生、もっと詳しくお話聞かせてください」

「もちろん。ただ、いっぺんに話して混乱してしまってはいけないから、一つ一つ整理しながら話を進めようと思う。まず改めて、私たちが日々使っている言葉というものを、概念的に分解して考えてみようじゃないか」

私は「言葉を概念的に分解、ですか？」と言いながら考えていると、なんだかより難しくなってきているような気がした。私のその様子を長田先生は察知したのか、より簡単に言い直してくれた。

「そう。複雑な問題は複雑なままにしていても、解いていくことはできないから。分解して一つ一つ紐を解いていこう。そうすれば必ず答えは見えてくるからね」

「なるほど。そういうことですね！　分かりました」

彩香も横で頷いている。

「では早速だが、言葉の〝四つの機能〟と、日本語・英語の〝二つの言葉の関係〟、それに二つの要因〝音構造と文構造〟について、それぞれ分けて考えてみることにしよう。まずは〝四つの機能〟だが、言葉にはどのような機能があるか二人はわかるかな？」

「言葉の機能、ですか……」

私は完全に思考が停止してしまったが、彩香は「コミュケーションツール、でしょうか？」と、答えを見出している。

「彩香さん、素晴らしい回答だね！　では具体的に、言葉とはどんな風に、いやどんな時に使われるだろうか？」

私はまず思いつくものを挙げてみる。

「どんな時、といいますと……。えっと、話す時とかでしょうか？」

「話す時もそうだな。話すというのは言葉の一つの機能だ。ということは、その言葉をどうする人がいるかな？」

「あ、聞く人がいます。話す、聞く、あっ……そういう意味ですね」

「そうそう、そういうことだよ。では、あと二つ機能をあげるとしたら？」

「はい！　私分かっちゃった！」と彩香がいたずらっぽい顔をして言ったので、私も負けじと「私だってもう分かったよー。書くと読む、ですよね！」と、勢いよく言った。

「二人とも仲がいいね。なんだか、姉妹のやりとりを見ているようだね。その通りで言葉には〝聞く・話す・読む・書く〟の四つの機能がある」

言葉とは？

言語脳＋四つの機能の存在

Linguistic brain ＋ Listening Speaking Reading Writing

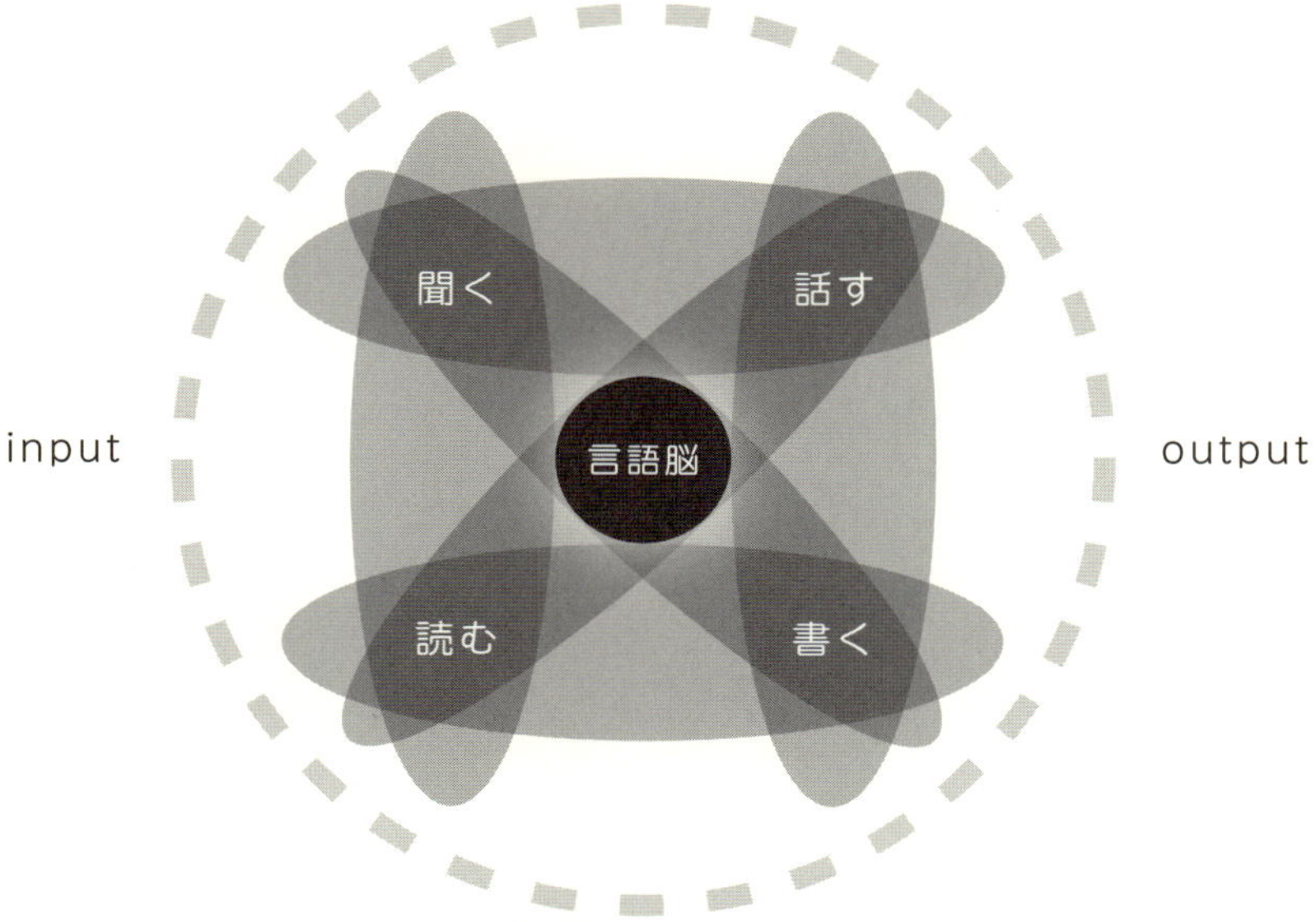

図 6.　言語脳＋四つの機能の存在

長田先生はバッグからノートとペンを出して何やら図（上図・図6（言語脳＋四つの機能の存在））を書き始めた。

「挙げてもらった四つの言葉の機能と私たちが言語を操る時に使う言語脳を中心に、こんな風に表すことができる。聞く、読むはいずれも言語脳に対してインプットするための機能。一方、話す、書くは言語脳からアウトプットするための機能だ」

「なるほど、そうですね。聞くと話す、書くと読むが対になっていると思いきや、インプットとアウトプットで考えたら、そういう分け方になるんですね」

私はそう言いながら、長田先生は

言葉には音構造・文構造が伴っている

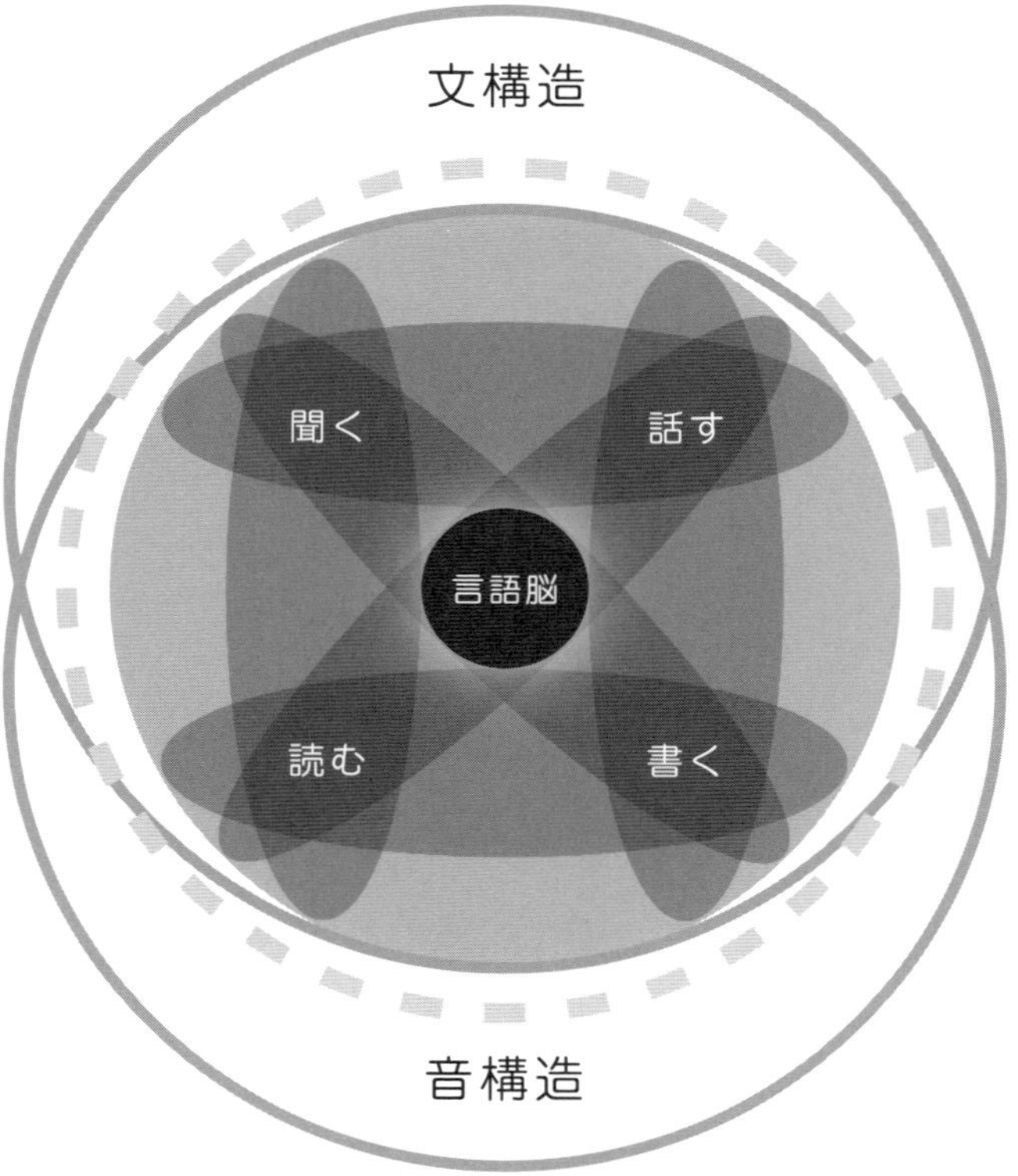

図7.　音構造と文構造

本当に分析の達人なのだなと思った。「もちろん、まゆこさんの言った組み合わせで分けることもできる。聞くと話すが話し言葉、書くと読むは書き言葉という風にね。さて、この言語脳と四つの機能の関係に対して、言葉には『文構造』と『音構造』があるんだ」

そう言って、長田先生は先ほどの図に新たな線と文字を加えた。（上図・図7（音構造と文構造））

「そして、さらにそこに、こんな感じで日本語の言語要因と、英語の言語要因が絡んでくる」

と言うと、更に図7に新たな線と文字を加える。（82ページ・図8（日本語の世界 vs. 英語の世界））

日本語の世界 vs. 英語の世界

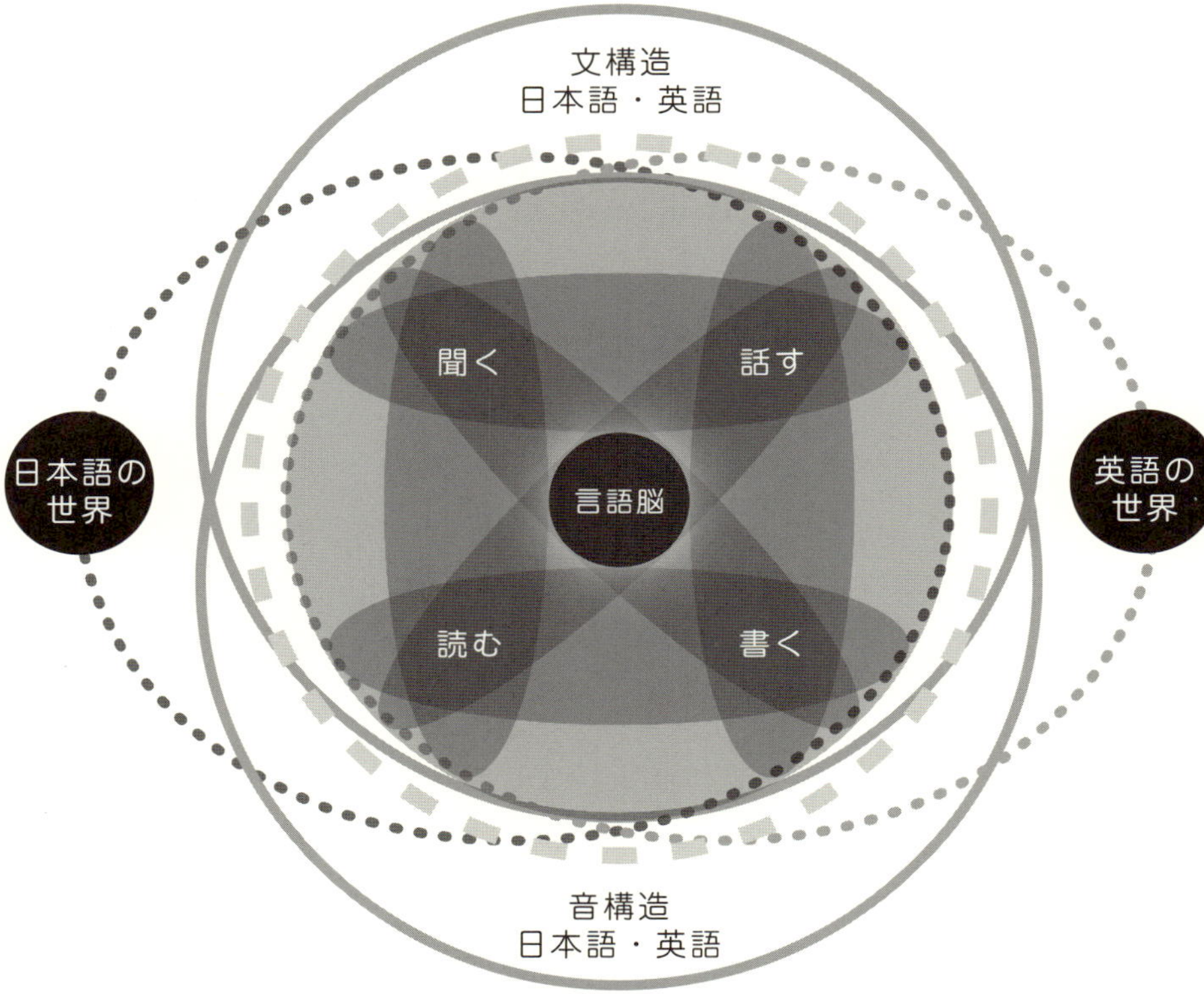

図8.　日本語の世界 vs. 英語の世界

「この図を見れば一目瞭然だと思うが、結局のところ英語を学ぶ際に、二つの言語の『文構造』や『音構造』の知識や情報が必要不可欠だということになる。彩香さんのようなバイリンガルは、このような構造が言語脳の中で確立しているのだと思うよ」

彩香はその図を見ながら、少し興奮しているようだった。

「図解されるとなんだかとても新鮮ですね。今まで意識したことなかったです」

しかし、私はそんな彩香の理解とは、遠いところにいた。

「彩香、先生、ちょーっと待ってくださいね。私はこの図がまだ全然頭に入ってきていないというか、理解できていません」

「おお、そうか、それは失礼。具体的にどの辺りが分かり辛いかな？」

「そうですね、『文構造』と『音構造』の辺りからですかね。もう少し具体的な説明をお願いできますか」

私はそう言って、椅子に座りなおし、聞く体制を整えた。と同時に、「お待たせいたしました」と、爽やかな笑顔のウエーターがお皿を運んできた。一番最初は長田先生のランチ、次に彩香、私の順番に置かれた。ノートを置くスペースがなくなったこともあり、先生はノートを閉じると、バッグの中にしまった。

「それでは、ひとまずいただきまーす」

彩香が両手を合わせて、フォークにパスタを巻き付け始めた。長田先生と私も「いただきます」と口々に言うと、食べ始める。私のパスタは、ずわい蟹と甘いキャベツとの相性が抜群で、思わず「おいしーい」と口に出してしまった。

食事をしている間は、他愛もない話をした。彩香のアメリカでの学生生活の話の流れから、将来の家族像の話にまで及んだ。

「私は自分がアメリカで教育を受けてきたせいもあるのですが、実は自分の子供には、できればインターナショナル・スクールに入れて、高校生くらいからアメリカに留学させたいなと思っているんです」

「えっ！　彩香、子供もいないのに、ていうか、まだ結婚もしていないのに、そんなこと考えていたの？」

私はびっくりして、思いついたことをそのまま口にしてしまった。

「うん、考えているよ。もちろん、今は子供いないし、結婚もしてないし、彼氏もいないけどね」

「あれ、彩香、彼と別れたの？　ちょっとその話聞いてなかったけど」

またもや唐突な彩香の発言に私は軽く驚いた。彩香は大学四年生の時から、出版社に勤務している一つ年上の男性と付き合っていた。いつもだったら、すぐに報告してくれるはずなのに、全然聞いていなかったのだ。

「ごめん、つい先週の話だからさ。今日言うつもりだったよ。なんとなく、違うなぁと思っちゃってさ。でも、別れる理由も将来に対する価値観の違いとか、そういったところが大きかったかな。って、すみません、この話は今ここでしなくてもいいですよね。先生、失礼しました」

彩香はクールな表情に戻り、セットのグリーンサラダをほおばっている。

「いやいや、そのまま続けてくれていいんだよ。むしろ、私にとっては新鮮で、今時の若者がいったいどんなことを考えているのかを知るいい機会だからね」

長田先生は、そう言って微笑んだ。

「いやいや、本当に彼のことはいいんですが、私、先生から母語についてのお話を聞いた時から、自分の将来を考えるようになったんですよね。私は、今でこそ日本で暮らしていて、まゆこという大切な親友がいて、仕事にもそこそこやりがいを感じて幸せに過ごしていますが、自分が誰かと結婚して、子供ができた時、私はどうしているのかな？　何を考えているのかなぁって少し想像してみたんです」

「彩香さん、それは、とても大事なことだね」と長田先生は言った。

「彩香、すごいよ。私、今は自分のことで精一杯で、全然そんな先のこと考えられてなかったよ……」

社会人三年目で、大学の仲間内で結婚している子もいるけれど、こと自分に関しては、今は仕事に無我夢中で、結婚はまだ五年後とか、ましてや出産なんてまだまだ先の話かと思っていた。

「ほら、先生が母語の形成期にどこに住むかがとても大切って仰っていましたよね。これはその時にも言ったと思うんですが、私はバイリンガルではあるけど、やっぱりその時期をアメリカで過ごしたこともあって、厳密に言ったら母語は英語だと思うんです。やっぱり難しいこと考える時とか、気がつくと英語で考えているんですよね。それ自体は、別にいいとも悪いとも思っていないんですが、言葉の面での多少なりとも不自由さを抱えた時代があっただけに、自分の子供に同じ思いをさせたくないなと考えていたんです」

彩香は一気に話すとアイスティーを口に含み、憂いのある表情を浮かべた。

「なるほど、彩香さんはご自身の体験があるから、よりリアルに想像ができるんだろうね」

長田先生も、共感しているようだった。

「そうかもしれないですね。先生も仰っていましたけど、グローバル化がもっともっと進んだ世界で生きて行くためには、英語はやはり外せないですよね。できることなら、ネイティブ並みに喋れるように育てたい。でも、子供には日本語も話せるようになってほしい。日本に住み続けるっていう前提に立った時に、ベストな選択肢は何かなって考えてみたら、今のところ、日本に住んで、インターナショナル・スクールに子供を入れて、中学か高校くらいから留学させるってことなのかなぁって。で、その話を彼としたら、どうも意見が合わなくて……」

「ちょっと待ってくれよ、そうなると彩香さんの彼と彩香さんを引き裂いたきっかけを私が作ってしまったことにはならないかい？」

それまで頷いて彩香の話を聞いていた長田先生が、焦った様子でそう言ったので、私は失礼ながら少し吹き出してしまった。

「長田先生、大丈夫ですよ。私が言うのもなんですが、彩香が別れるとかまたよりを戻すというのは日常茶飯事なんですよ。ですので、あんまり本気に捉えないでください」

私は冗談半分に、長田先生をかばう気持ちで横から口を挟む。実際問題、彩香の別れ話に私は何度付き合ったか分からないくらいなので、これは嘘ではない。

「あれ？　でも、まゆこさんもさっき聞いて驚いていたよね」

長田先生は、私の言ったことを信じていないようだった。そして、彩香が「まゆこ、でもね、今回は本気だよ」と彩香が静かに言うので、また笑ってしまった。

「彩香、そのセリフも毎回聞いていますって。分かりましたよ、別れたのね、了解。それにしても、自分の子供の育てかたかぁ。確かにそろそろそういうことを考えてもおかしくはない年に私たちも近付いてきているのかなぁ」

と私が言うと、彩香は不服そうに「随分なスルーの仕方ね」と、軽く舌を出し「先生、お騒がせしてしまいすみません。まあ、まゆこが言っていることもあながち嘘ではありませんので……」と付け加えた。

グラタンを食べながら、私たちのやりとりを長田先生が面白そうに見ている。

「あっはっは、そうかそうか。若いっていうのはやっぱりいいね。まあ、君たちはこれからだから、ご自分のお子さんのことを考えるのも当たり前だね。でも、解決策がインターナショナル・スクールへ進学させるとなるとそれはほんの一部の裕福な家庭でしか叶えられないことになる。これからの日本を支える未来の大人たちに、我々大人は健全で適切な学べる環境や条件を与え続ける義務がある。ちなみに、日本人は英語を学ぶ以前に、日本語をきちんと学ばなければならないと思っているんだ。諸外国は、大人になってから母語の勉強をしているが、日本には大人になってから日本語を学ぶという機会は少ない。第一前提として、日本語できちんと自分の思っていることを伝えられないようでは､当然英語で主張できるはずがない。漠然と英語を学びたいと思うのではなく、会話する目的を持たなければ、なかなか習得もできない。私は日本における英語教育そのものを見直していくよう、声を上げ続けるべきだといつも考えているし、そうしようと行動しているんだ」

「先生、さすがです」私と彩香は声をそろえて言った。

「でも、これがなかなかうまく進まないのだけどね。しかし、諦めたらそれまでだ。ライフワークとしてこのことは続けていくよ」

「先生、私たちにお手伝いできることがありましたら、なんでも仰ってくださいね。」

そう言う彩香は、いつの間にかパスタを平らげている。ウエーターがその様子を見て、お皿を下げに来てくれた。

彩香がアイスティーと一緒にドルチェのティラミスを食べている間に、私と先生も食事を終えたので、食後に持ってきてもらうことにしていたコーヒーと紅茶を頼む。一息ついたところで、長田先生が「では、先ほどの言語の機能について話を戻そうか」と言った。

「はい、宜しくお願いします」と、私と彩香は、何となく姿勢を正す。

「じゃ、説明するね。四つの機能『聞く、話す、読む、書く』の各プロセスを更に細かく分解してみると、『聞く』は、我々の言語脳が音声を認識して、認識した音声の文の意味を解釈するというプロセスだ。〝解釈する〟と一言で言ってしまったが、これも更に細かいプロセスに分けると、認識した音声を文字に置き換えて、頭の中に蓄積されている辞書に照らし合わせ、その上で文の意味を解釈することができる。この時点で聞いたことの〝内容認識〟ができた状態になるというわけだ。いいかな？　ここまでが『聞く』というプロセスだ」

長田先生は、ちょうどテーブルに置かれた紅茶に口をつけた。

「先生、ちょっと待ってくださいね。それって、私たちは認識した音声を文字に置き換えているということでしょうか？」

私は、ここは丁寧な確認が必要と思い質問した。

「そうだ。置き換えていると考えた方がいい。例えば『はし』という音を認識したとしよう。その時、まゆこさんは無意識に、イントネーションや周りの文脈から、適宜『橋』、『箸』、『端』のいずれかに変換した上で意味を捉えていると思うんだ。そうじゃないかい？」

確かに、何かを聞き取ったときに瞬時に頭の中で漢字に変換しているような気がする。

「いちいち意識していませんでしたが、そう言われてみると、意味を認識するために音を文字へ置き換えるという作業が脳内でされていると思います」

「うん、それでは続いて、『話す』のプロセスを分解してみる。こちらは聞いたことに対してどう対応するかという内容を脳で考え、その結果を文字にして、頭の中に蓄積されている辞書に照らし合わせ、それを正しく伝えるための特徴に特化された音声を選び、実際に声に発するという流れになる」

途中まで理解しているつもりだったが、またついていけなくなってきた。

「うーん、また難しくなってきてしまいました」

「確かに、言葉だけで説明していても、この部分は拉致があかなそうだね。ちょっと待っていてね」

そう言うと、長田先生はバッグからタブレットを取り出し、フォルダから一枚のチャート（90ページ・図9（聞く・話すの関係））をクリックして、表示させた。

「今の説明を図解したのがこれなのだが、会話においてこの一連のプロセスは同時に行われていると考えてよい。つまり、相手の話を聞きながら、同時に内容対応プロセスも働き、返答を組み立てるということを、脳は行っているんだ」

「わぁ、なんだかそう考えるととても複雑なことをしているんですね。私たちの脳って。これぞマルチタスキング[*9]！」

彩香は、興味深そうに長田先生のタブレットを覗き込んでいる。

「ちなみに、先ほどの『聞くと話す』に対して『読むと書く』も同じ関係だ。『読むと書く』の場合、音として表には出ていないが、実際は黙読することで脳内では音声としてインプットし、筆記することでアウトプットしていると考えればいい」

「先生、ちょっと待ってくださいね。読む時と書く時も、脳は言葉を音として認識していると、今仰いましたか？」

＊9　マルチタスキング　デジタル用語で、複数のプログラムを同時に実行させること。

聞く・話すの関係

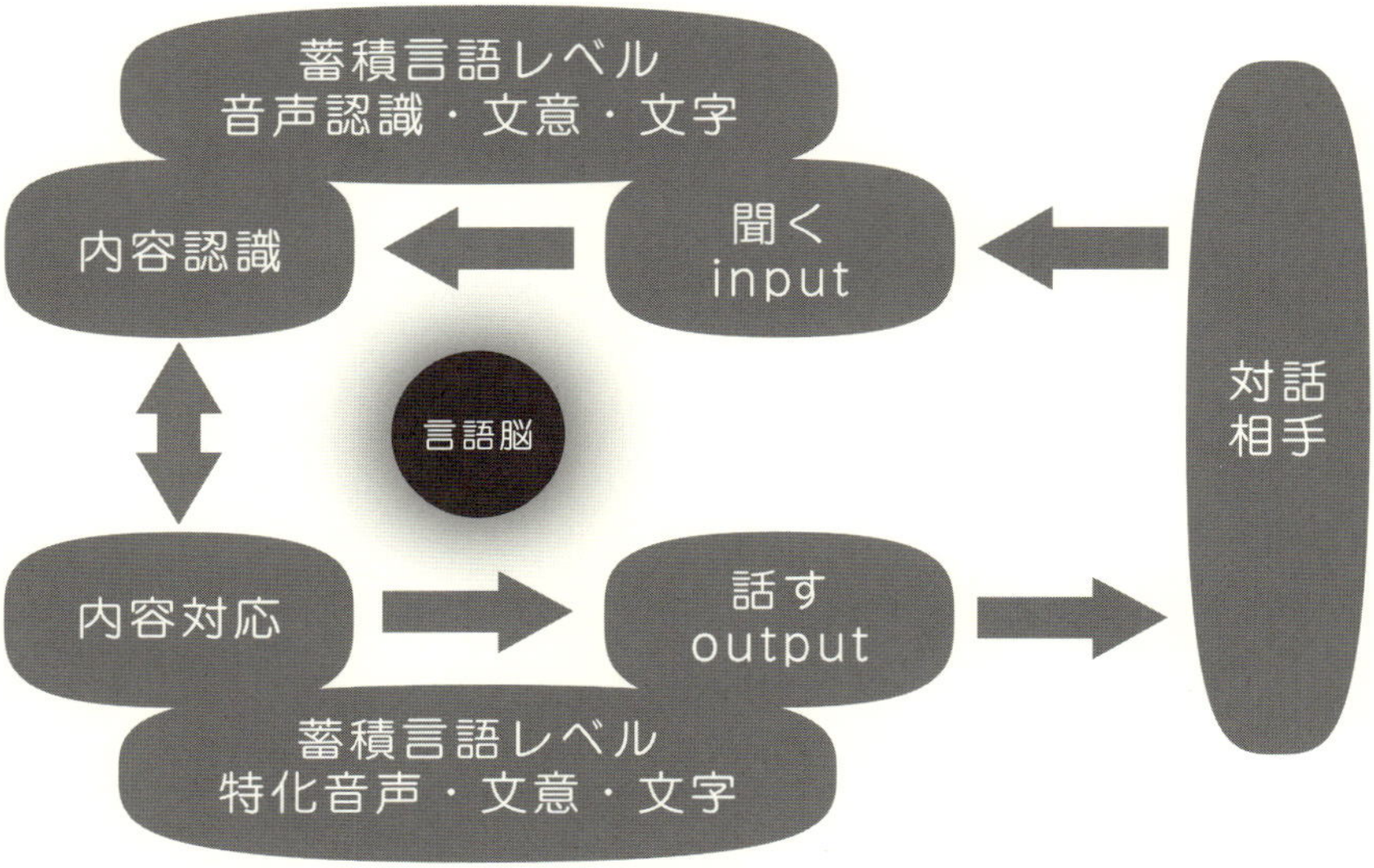

＊絶えず、特徴に特化された音声・文意・文字が伴っている。
図９.　聞く・話すの関係

次から次へと新しいことを聞いて、私の脳は悲鳴をあげそうだったが、なんとか食らいついた。

「そうさ。言葉というのは絶えず『音声と文字』が伴っている、ということなんだ。そして、それが『文構造』と『音構造』ということになる」

「『読み・書き』には音は関係ないと思っていたので、なんだかものすごく意外です」と私が言うと、「確かに文字を書く時って頭の中でつぶやいているかもしれないですね」と彩香も頷いた。

私は手元のノートに、試しに「かりんとう」と書いてみた。確かに頭の中で黙読しているような気がした。でも、いまいち本当に黙読をしているのか、今はこの話を聞いて意識しているから黙読してしまったのかが、判断がつかなかった。そこで、試しに黙読しないで何かを書いてみようと思って、ペンを走らせようとした。しかし、黙読しないことを意識すると、不思議なことに何も書けないのだった。

「なるほど！　そういえば仕事でメールを打っている時も、本を読んでいる時も、そうです！」

私は、長田先生の仰っていることを身をもって理解した。

「分かってもらえたようだね。では、元の話に戻すと、日本語と英語とでは『文構造』も『音構造』もそれぞれ全く違う。この違いがお互いの言語の習得を困難にさせている大きな原因だ」

私はハッとなり、長田先生を見つめると自信をもって尋ねた。

「でも先生、ということはですよ。英語と日本語の『文構造』、『音構造』のそれぞれの違いを認識する方法が分かってしまえば、もしかして英語が楽に習得できるってことじゃないですか？」

「そう！　その通りなんだよ」

長田先生もまさに「ご名答！」とでも言うように一度手をたたいた。

「先生、私それができるように頑張ります。どうか私の言語脳を鍛えてください！『文構造』と『音構造』の違いを認識する方法を教えてください！」

「もちろん！　その部分が鍛えられれば、違いを踏まえた脳の使い方ができて英語学習はぐんと楽になるはずさ。では、ひとまずそのうちの『音構造』について、じっくり紐を解いてもらおうと思っている。準備はいいかな？」

英語習得の筋道が見えてきた気がして、私の中のやる気スイッチが入った。

「はい！　よろしくお願いします」私と彩香は声をそろえて言った。

「英語と日本語の『音構造』は、発声方法から発音まで大きく異なっているのは、二人とも感覚として理解できるかな？　じゃあ、とりあえず私は横からただ聞いているので、なんでもいいから、二人で日本語と英語の『音構造』について、ちょっと自由に喋ってもらえるかな」

「ええ！　そうきましたか。彩香、大丈夫？」

「うーん、英語の音構造かぁ。そうね、ＯＫ！」

二時を過ぎ、店内はちらほら空席もでき始め、先ほどまでの喧騒が緩和されたこともあり、お互いの声が聞き取りやすくなっていた。彩香は早速、手を挙げてから話し始める。

「じゃあ、私から思いついたことを言ってみるね！　日本語と英語は、syllable が全然違うと思います」

「さすが、バイリンガルの彩香さん、さっそくシラブルを出してくるとは！　その通りだね」

彩香は長田先生に褒められて、まんざらでもなさそうな顔をしている。

「ちょっと待ってくださーい！　先生、シラブルって何ですか？」

私は焦って二人の会話を止めた。

「まゆこさん、シラブルとは日本語でいうと『音節』という意味だ」

「音節……ですか？」

「音節というのは、母音を中心とした音のまとまりのことを言うんだ」

先生はそう言いながら、手元のノートにメモをしながら、音節の説明をしてくれた。

「典型的な音節としては、

母音
子音＋母音
母音＋子音
子音＋母音＋子音

の4種類がある。音節は、英語で言うと言葉のリズムの基本と考えてみるといいだろう。英語の音声表現はCVC型の閉鎖音声が基本になっている。Cは子音を意味するConsonantの頭文字、Vは母音を意味するVowelの頭文字だから、CVC型といったら『子音＋母音＋子音』という意味になる。例えばさっきのfishは、まさにこの例で、子音（f）＋母音（i）＋子音（sh）、つまりCVC型の一音節の単語ということだ。他にも一音節の単語を思い浮かべられるかな?」

「catと私が言うと、長田先生がノートにcatと書いた。

「他にはどうかな?」

「dog」と彩香が言うと、先生は、catの下にdogと書く。

「他にはどうかな?」

私と彩香は、思いつく単語を順番にあげた。長田先生がペンを置くと、私は長田先生が書いた英単語を上から順番に読み上げた。

「cat、dog、hat、leg、bag、sick、luck、neck…あ、全部CVCですね」

するとと彩香も付け加えた。

「長田先生、CVCではない一音節の単語を見つけましたよ。earはV＋Cで、動詞のgoは、C＋Vですよ」

「まゆこさん、彩香さん、そうだね。earやgoのようにCVCではない音節ももちろんある。でも、英語のメインはCVCやCVCCといった音節になるんだ。では、日本語の音節はどうだろう？　日本語の音節は、CV型、つまり子音＋母音の開放音声が基本だ。『か・き・く・け・こ』と言ってみてもらえるかな？」

「かー、きー、くー、けー、こー」と私は声に出すと、長田先生はこう言った。

「全て口が開いた状態の開口型で発声が終了しているだろう。発声の終わり方が子音で終わる英語とは明らかに異なる。発声法で言ったら、まさに正反対だ」

「先生、発声法が正反対っていうのは、口を閉じているのと開けているのが正反対という意味ですか？」

「もちろんそれも正反対なのだけど、音節の違いで発声の仕方もかなり違うんだ。少し詳しくお話ししよう。日本語は、口を開いた状態の開口型で発声が終了するとさっき言ったが、これを開く音節と書いて開音節という。英語では、Open syllableだ。ここで発声する時の呼吸法を紹介したいのだが、開音節を発声するためには、弱い胸式の息と、声帯音と口作りで発声し、必ず口が開いて終わる」

それを聞いて、私は「あいうえお、かきくけこ、さしすせと……」とつぶやいてから、長田先生をみると首を縦に振った。

「一方、閉音節は、強い複式呼吸の域で、声帯音が少ない。摩擦音、破裂音、鼻音が主体で、口は閉じて終わる。基本的に大声で、音量も大きく、囁《ささや》くのにはあまり適していない音声なんだ。この違いは、日本語話者が英語を発音するのが難しいと思う要因の一つだ。口の中の筋肉を使う力学的な作用が、日本語の作用と違うこともあって、単に日本人が真似ても簡単にできるものではないのだ」

日本人が英語を苦手とするれっきとした理由を聞けて、心が救われるような気分になる。

「本当ですね。日本語の音節は全て母音で終わっていますね。まあ、当たり前といったら当たり前な気もしますが、あいうえお、かぁきぃくぅけぇこぉ、さぁしぃすぅせぇそぉって、母音だけの〝あ・い・う・え・お〟〝と〟、〝ん〟以外は全て子音＋母音で成り立っているんですね。そうかぁ、納得です」

「ざっくりいうとその通りだね。日本語の音節は１０８で極めて少ない。一方英語は１５００以上あると言われている。英語話者からすると、音節の少ない日本語は認識しやすい音声となっている。日本語話者にとって、英語を聞き取り、真似て発音をするのが難しい理由は、そもそもの音節数の多さはおろか、音節そのものの発音ができないことが大きいと思っている。例えば、captain という単語。cap と tain の二音節から成り立っている。captain という単語で発音させようとするけれど、結局 cap と tain の発音ができなければ、captain という発音はできない。語源がそのまま音節になっている言葉も多いから、音節をまずは理解して、発音練習するべきなんだ。音節が書いてある辞書で勉強すればより理解は深まると思うよ」

長田先生の言葉に、彩香が大きく頷いている。

「そうですよね、napkin も nap と kin、pattern も pat と tern の二音節から成り立っていますよね。むしろ、英語は一音節の言葉の方が少ないくらいですよね」

私は、長田先生と彩香の話を聞きながらノートに単語を書き留めていく。確かにmusicもmuとsicといった具合だ。

「そうだね、彩香さん。ちなみに、言語は歌を歌う時にも大きな影響を与えているんだ。例えば、日本の民謡の場合、語りは五音階（ド・レ・ミ・ソ・ラ・ド）で成り立っている」

日本の民謡に馴染みのない彩香がすかさず質問する。

「ファとシはないんですか？」

「そうなんだよ。ヨナ抜きと言われていて、ファとシの音はないんだ。日本人が英語のポピュラーソングを歌う際に、苦労が伴うのも、発声上の構造が異なるからなんだ」

大好きな海外のミュージシャンの歌をカラオケで歌ってもいまいちまとまらないのは、そういったことだったのか、と心の中で言い訳してみる。もちろん、それだけが理由ではないのかもしれないけど……。

「ああ、先生、なぜ私が英語が上手くならないのか、その理由がどんどん明らかになって来ますね。ある意味、そりゃできなくて当たり前だよなと開き直りたくなる勢いですよ。まあ、開き直っちゃおしまいなんで、開き直りませんけど。馴染みのある音節数が少ないんですから、ヒアリング聞き取れませんよね……。あ、音節数といえば、あ、そっか、なるほど、そういうことかぁ」

私はあることを思い出して一人で納得した。

「ちょっと、まゆこ大丈夫？　何一人で急に納得しているのよ？　何か教えてよ」と彩香が言った。

「うん、私が今思い出したのはね、動物の鳴き声の表現の仕方なんだけど。英語だと、鶏って cock-a-doodle-doo とかいうじゃない、それに対して日本語だと、コケコッコー。犬はさ、Bow-wow とか英語でいうのに、日本語だとシンプルにワンワン。これも、つまり音節数の違いから、表現が英語はより複雑な構造になるのだろうなーって思いついたのよ。要するに音節数をより多く持つ英語を話す人には、そういう風に複雑に聞こえるってことよね？」

「まゆこさん、まさにそれも音節数の範囲の違いによる表現の違いだね。さてと、他に、英語と日本語の音構造の違いということがどんなことが思いつくかな？」

「はい！」

私も、彩香に倣って手を挙げてみると長田先生もまるで教壇に立つ先生のように、「はい、まゆこさんどうぞ！」と、指名してくれた。

「英語と日本語での音の違いといえば、英語には日本語にはない発音があります。例えば舌を歯の間に挟んで発音する TH とか」

私が発言すると、彩香も頷く。

「そうだよね。あと、英語の方が日本語より音のバリエーションがずっと多いよね」

「確かに日本語の音は英語より種類が少ないね。私、中学一年生の英語を習い始めた頃の苦い経験を思い出しちゃった」

私はかなり長い事忘れていた記憶を急に思い出したのだった。

「なになに、まゆこ、それってどんな話？」

「実は私、中学一年生で英語の授業が始まったばかりの頃、本当に英語が全然覚えられなくてさ。それで、授業で教科書読む時に指名されて恥をかくのが嫌だからって、教科書にカタカナで読み方のルビを振ってしまったの」

「ふんふん、それで？」

「そうしたら、英語の先生に見つかって、ものすごく注意をされちゃってさ」

「へぇ〜、その先生は何て注意したの？」

「英語の音はカタカナでは表記しきれないんだから、カタカナでルビを振るくらいなら、辞書を引いて発音記号を覚えてルビを振りなさい！って」

「へぇ〜、そんなことがあったんだ。なんか、いい先生じゃない」と彩香が言うと、長田先生が会話に参加してきた。

「会話の途中で失礼。彩香さんの言う通り！　まゆこさんは中学でとてもいい英語の先生と出会えましたね。私の息子の時代なんて、教える先生の英語の発音がひどいものでした。それこそ平気でカタカナ読みで英語を教えていたなんてこともザラにありましたよ」

　私は、当時はその先生の言っていることがいまいち理解できていなかったが、英語のスペシャリストたちに褒められると、もう少し真面目に先生の助言を聞いておけばよかったかな、と今更後悔する。

「そうなのですね」

「まゆこさんの英語の先生が言っていることはとても正しくて、カタカナで英語の発音を表現するのは至難の技です。無理と断言してもいい」

「あはは、やはりそうなのですね。中学生の私はいい方法が思いついたと思っていたんですけどね」

結局、カタカナのルビを振ることはそれ以来はしなかったが、発音記号でルビを振ることもなかった。

「日本では外来語が多く使われています。外来語とは、一般的に外国語に由来する言葉をカタカナ表記して作られるのはお二人もご存知の通り。私は外国語がカタカナで表記された時点で、その言葉はもはや外国語ではなく『外来語としての日本語』となってしまうと考えているんだ」

長田先生はそう言ってから「つまり、どういうことだか分かるかな？」と、私たちに聞いた。

「外来語は元の言語の言葉とは、別の言葉と捉えるべきということですね？」

そう彩香が答えた。

「そうだ。もちろん言葉の意味する内容は同じかもしれないが、外来語がそのまま英語として通用するかというと、残念ながらそうはいかない。その証拠に日本人は、カタカナ語から英語本来のスペルに戻せないという現象が起きている。これはどういうことか分かるかな？」

「カタカナ語から英語に戻せない……、確かに。それありますね。というか、まさに私が中学校の時に怒られたあれですね」

私は、ますます落胆する。

「この不可逆現象が存在するのには、無理もないんだ。なぜなら、日本人は英単語一つを日本語として理解する

カタカナ語から英語に戻せない不可逆現象が存在している

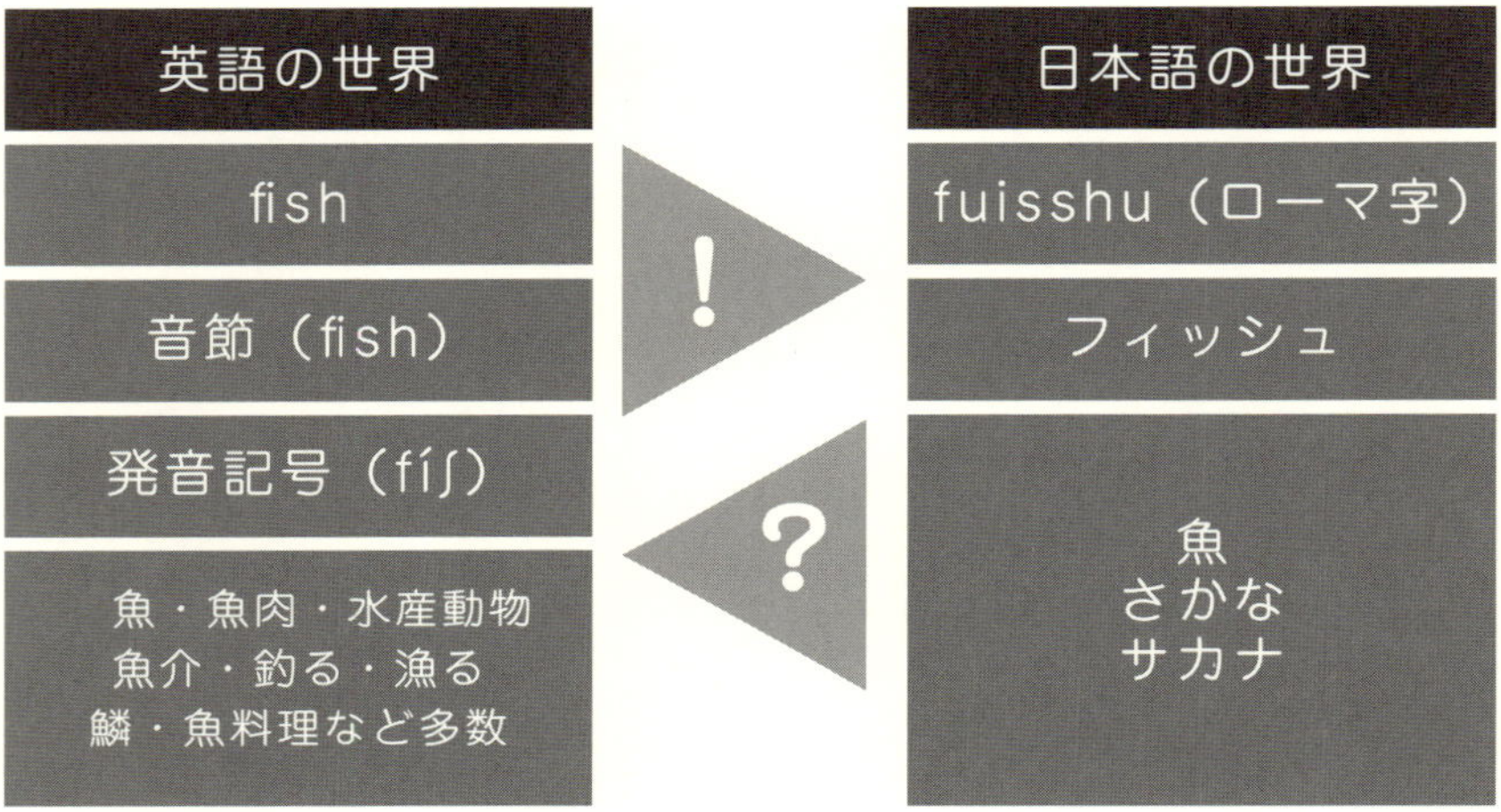

＊七通りの見方が必須となっている
図 10. カタカナ語と英語の不可逆現象

のに、なんと七通りの見方を経ているのだから」

「七通りの見方、ですか？」彩香と私は声を揃えて言った。

「そう。このチャートを見て欲しい。例えば、身近な言葉で〝fish〟を例にとってみよう」

そう言って長田先生は一枚のチャートをタブレットに表示させた。（上図・図10（カタカナ語と英語の不可逆現象））

「この図が何を表しているのかというと、私たちは魚を表すfishという単語一つを日本語で理解するのに、頭の中、つまり言語脳で、ここにある七通りの見方をしているのだよ。それで、日本語で魚であるということを認識しているのだよ」

「うーん、脳の中ではこんなに複雑なステップを踏んでいるとは……。私はfishといったら「魚」ってぽんっと出てくるものかと思いましたが……」

　私は、改めてfishを思い浮かべようとしたが、意識してしまい検証できなかった。

「そうなのだよ。そして、フィッシュとカタカナ表記した時点で、fishとは別の言葉となってしまう。カタカナ語は日本語の発音だ。この図を見てもらうと分かるように、問題は、カタカナ語から元の英語表記に戻す時だ。まゆこさんの中学校の時の思い出の通り、これは容易にはいかないんだよ」

「なるほど、そういうことですか。確かに、日本語の方は英語に比べて音が少ないこともあるから、別々の発音のものも、カタカナ表記した時点で同じ発音になってしまうものがありますものね。ファーストとか、メジャーとか、サイトとか……挙げるとキリがないですね。あ、私、急に変な話を思い出しちゃいました」

　私は、あるエピソードを思い出した。

「ん？　何なに？」と彩香に促されたので、私は長田先生を一瞥すると、長田先生はゆっくり頷いたので話の続きをすることにした。

「私の叔母の話なのですが、叔母が若い頃、レストランのメニューで初めて『クラブハウス・サンドイッチ』という食事を見て、蟹のサンドイッチが出てくるものだと期待いっぱいに注文したら、ただのサンドイッチが出てきてがっかりしたんですって」

「あっはっは、ClubでなくCrabだと思ってしまったんだね。LとRは日本人にとっては本当にやっかいなんだよ。日本語には〝LQVX〟の四文字が使われていない。元々馴染みがない音だから、その発声方法を習得するのはたやすいことじゃない。ちなみに日本人が勉強してきたローマ字式発音は、あくまでも日本語の音声そのものであって、英語音声とはかけ離れているんだよ」

私は長田先生がそう言って笑ってくれたので、ホッとした。

「そうですよね。なるほど、カタカナ語から英語に戻せないっていうのが納得です」

「そうだろう。さらに日本人が英語を学ぶ上で混乱する原因の一つに、英語のある特徴がある。それはね、スペリングと発音に大きな隔たりが生じているということなんだ」

彩香は頷いているが、私は理解するのに都度都度立ち止まるため、長田先生の説明を止めてしまう。

「スペリングと発音に大きな隔たりが生じているといいますと？」

「日本語も含め多くの言語は、一音一字主義なのだが、英語は違う。なぜかスペリングと発音に大きな隔たりがあるんだ。このことについて不思議に思って色々調べていたのだが、渡辺昇一さんの著書『講談・英語の歴史』に納得できる説明が書いてあった。それによると、英語の発音は変化し続けるもので、その変化に合わせて表記法を変えてしまうと、文字としての恒久性が失われてしまう。そのため、勝手気ままな発音をまとめる意味において、習慣的なスペリングの方がよいという考えから、文字と発音の差が広がったという見方が有力らしい。こういった英語の歴史の経緯からすると、長母音革命によって、調音位置が一段ずつ高くなったことで、アルファベットの読み方と違う読み方をする語彙《ごい》が増えてきたんだ。例えば、time が〝ティーメ〟から〝タイム〟に変わったり、fool が〝フォール〟から〝フール〟に変わったり、とか」

彩香は、納得した様子で頷いている。

「そうですよね。日本語に比べると文字通りに発生しない言葉は多いですよね」

私は、これまでの英語学習の中でそのような単語を思い浮かべてみた。

「ということは、昔、覚えるのが大変だった、なんでこんなところにこんなアルファベットが入っているのだろうと思う単語って、大昔はそれも発音していたっていうことですかね？　例えばComb は、コンブとか言ってたんですかね」

長田先生も、手元のノートに英単語を書きながら、説明してくれる。

「どうやらそうらしい。Bomb をボムブと言ったりね。それに、ネイティブには実際にb を発音しても通じるっていう話だ。このように、発音しなくなってしまったけど単語に残っている文字のことを黙字、英語では Silent と言うんだが、まあ、字のままだな。少し脇道に逸れてしまったけど、この例でも、やはりカタカナ語を英語に戻すことの難しさが良く分かると思う」

「本当ですね」と、私は思わずため息をついた。日本人が、英語を苦手をする理由が明白になるに従って、納得感は高まるが一方で、それを打破する方法があるのだろうか、と自問自答していた。

「先生、こんなにも日本語と英語が違うのに、もうどうしたらいいんでしょうか。ネイティブに通じる英語発声法を、今更私が習得することなんて、できるのでしょうか？」

私は、開き直ってはいけないと思いながらも、開き直りつつあった。

「まゆこ、ここに何しに来たと思ってるの？　ビジネスで武器になる英語を習得するためのコツを教えてもらいに来たんでしょ。それなのに、何を拗ねちゃてるのよ。まずは違いを認識すること、それが大事だって先生が仰っていたじゃない。違いが分かるからこそ、学ぶことができるんじゃないの？」

彩香が私をなだめつつも、諭すように話す。

「まゆこさん、彩香さんのいう通りだよ。でも、分析ばかりで具体的に何をすればいいか分からないから不安になってしまっている君の気持ちもよく分かる。じゃあ、さっきから語ってきた『音構造』に関する英語と日本語の違いの克服方法を教えようじゃないか」

長田先生はそう言うと不敵な笑みを浮かべた。

「先生、それお願いします。本当にお願いします！」

まさに、〝藁《わら》にも縋《すが》る〟とはこのことだ。

「結論から言おう。ネイティブに通じる英語発声法を習得したかったら、専門のボイス・トレーニングを受けるのが一番だ」

「ボイス・トレーニングですか？」

私は、思いがけない長田先生の答えに一瞬戸惑った。

「そうだ。ただ、そういったネイティブによる英語の本格的な発声法を教えているボイス・トレーニング・スクールは、ハリウッドにあるプロ用の学校しかなかった。そこで、私は独自にプログラムを作って、ネイティブのロック・シンガーにお願いして、約四十時間に渡り訓練をしてみたんだ。するとどうだろう、確かに外国人に通じる発声要領や、聞く要領が分かり、一気に自信がついた。もちろん、訓練期間中は大変だ。舌がもつれ、口や顔の筋肉が痙攣《けいれん》した。最初のうちは、ネイティブの音声は『日本語耳・日本語脳・日本語口』のループを回る。しかし、繰り返し練習していくうちに、聞き取れるようになるし、ネイティブに近い発音で発せられるようになっていくということは、私が実証済みだ」

長田先生はそう言うと、タブレットからまた新たなシート（106ページ・図11（英語発声支援学習法））を表示させた。

「先生、たった四十時間訓練すれば、英語の発声法をマスターできると仰いましたか？」

私は自分の耳を疑った。

「ああ、そう言ったよ。でも、今たった四十時間とまゆこさんは言ったけど、四十時間といったら結構な時間になるぞ。一日三十分ずつで、一カ月二十日間ずつトレーニングをするとしたら、四カ月かかる」

「確かにそうですね。ちなみに先生が開発された独自のプログラムとはどのようなものなのですか？」

ネイティブにレッスンしてもらうというのはイメージができるが、具体的に何をすればいいのかを確かめなくてはだ。

「プログラムは至って単純なんだ。このリストにある単語を、ネイティブに通じるまでひたすら繰り返して発音するというものだ」

そう言って長田先生は一枚の単語リスト（107ページ・図12（代表的な英単語リスト））を見せてくれた。

「え？　それだけですか？」

私は拍子抜けしてしまった。そのリストに記載されているのは、たったの27単語だけだったのだ。これだけをひたすら四十時間発音し続ける、ということなのだろうか。

「それだけって言うけれど、この27単語がネイティブにしっかり通じるようになるというのは、まゆこさんが思っ

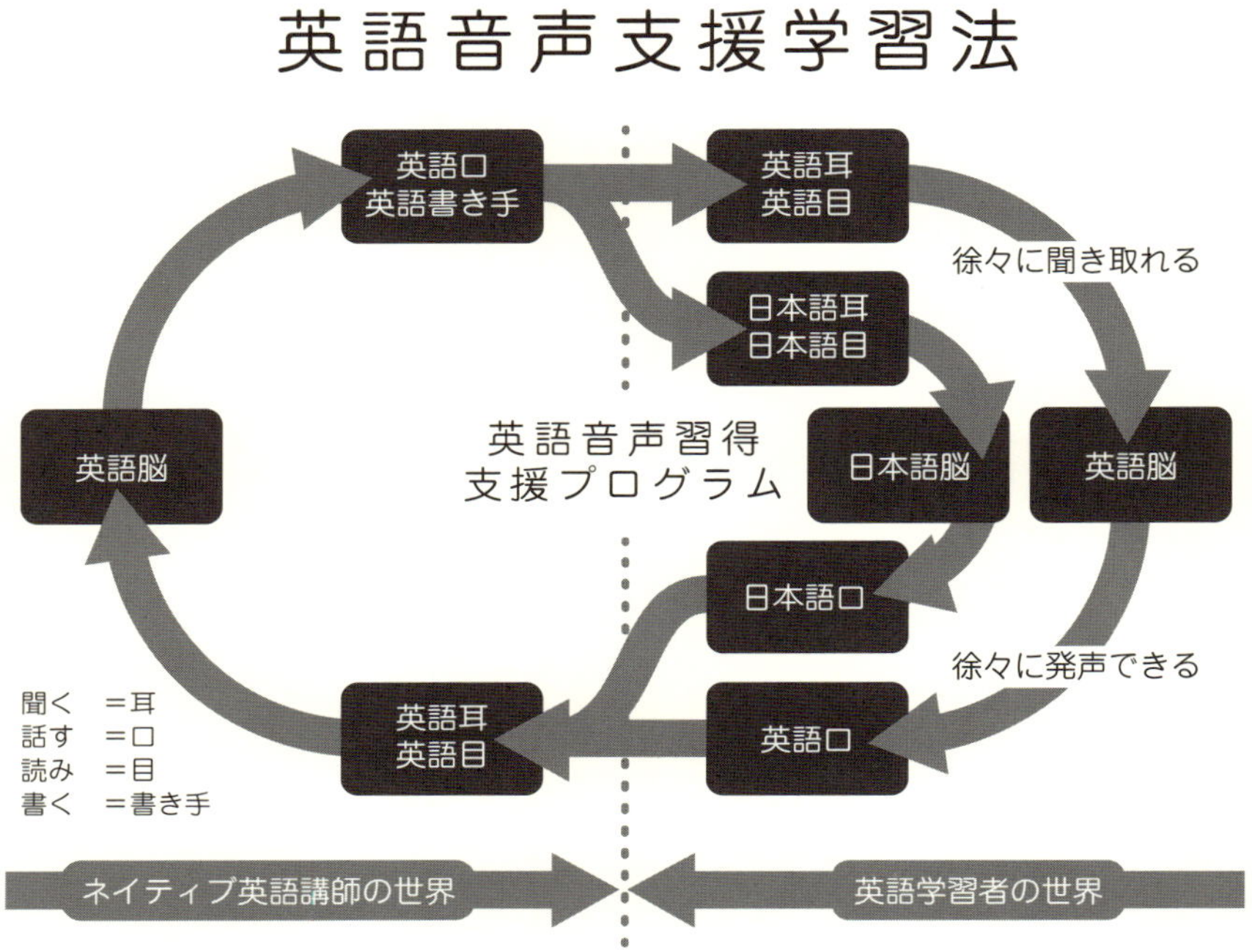

図 11．英語発声支援学習法

ているほど簡単なことではないぞ。ただ声帯模写で真似ればいいというものではないのだからね。口の形から舌の使い方、口の開け方、呼吸の仕方、全てを英語の発音に矯正しなくてはいけないんだ。私がそうだったように、きっとまゆこさんでも、口や顔の筋肉が痙攣したりするんじゃないかと思うよ」

私は先ほどから、簡単そうに聞こえる方法だったので肩透かしをくらったような気になったが、私の想像以上に大変な作業のようだ。

「ひょえー、本当ですか。ああ、でも今すぐ試してみたいです。でもちょっと待ってくださいね、この27単語だけマスターすれば本当にそれでいいんですか？」

Typical Word for Each Alphabet
各アルファベットの代表的な単語

The alphabet letters

the letter A a	apple	リンゴ
the letter B b	boot	長靴
the letter C c	cat	猫
the letter D d	duck	アヒル
the letter E e	egg	卵
the letter F f	feather	羽
the letter G g	ghost	幽霊
the letter H h	hat	縁付き帽子
the letter I i	ink	インク
the letter J j	jacket	上着
the letter K k	kite	凧
the letter L l	lamp	明かり
the letter M m	monster	化け物
the letter N n	nest	巣
the letter O o	office	事務所
the letter P p	pig	豚
the letter Q q	quarter	４分の１
the letter R r	rabbit	飼い兎
the letter S s	sock	靴下
the letter T t	tiger	虎
the letter U u	uniform	制服
the letter V v	vase	花瓶
the letter W w	worm	ミミズ
the letter X x	xylophone	木琴
	fox	狐
the letter Y y	yoyo	ヨーヨー
the letter Z z	zipper	ジッパー

図 12．代表的な英単語リスト

「このレッスンで狙っていることは、もちろんネイティブにしっかり通じる発声方法を身に着けるということなのだけれども、同時にもう一つ大事な経験値を得ることができるんだ。それが、発声方法と同じかそれ以上に大切なことだと私は考えている」

「先生、もう一つの大事な経験値とは一体何なのでしょうか？」

「英語に対して苦手意識を持っている人の多くは、英語そのものだけに苦手意識を持っていると思うかい？」

「どういう意味でしょうか？」

私は長田先生の質問の意図が良く理解できなかった。

「例えば、まゆこさんにはこんな経験をしたことはないかな？　旅行をした時でも授業でもなんでもいいのだけど、外国人に向かって英語で言葉を発したが、相手に理解してもらえなかった。そういう経験って今までにしたことあるだろうか？」

それは、数えきれないほどあるので、エピソードには困らない。

「ありますよ！　もちろん、あります。むしろありまくりです。学生の時、アルバイトしていたカフェに外国の方がいらしたので、得意気に英語でオーダーを取ったりしていたのですが、ある時、相手にどうしても理解してもらえないことがあって、それから少しトラウマになってしまって、ここは日本なんだからあなたたちが日本語でオーダーすればいいいんじゃないと開き直って考えるようになってしまったことがありました。あれは、私の中ではプチ挫折でしたね」

「そういうエピソードが、日本人ならきっと誰にでもあると思うんだよ。もちろん、外国人に対して苦手意識が全くない、という人もいる。しかし、英語を苦手としている日本人には実に外国人コンプレックスが多い。極端な例では、精神的な病気につながることもある。結局外国人と接する場を増やして、免疫力を高めて、自分に自信をもつことが英語習得への近道なんだ。〝外国人免疫〟という言葉は僕が作った言葉なんだが、異文化コミュニケーションにはこの〝外国人免疫〟づくりが非常に重要で、日本人において英語学習に欠かせない要素だ」

「確かに、どうしても身構えちゃいますからね……」

「だから、我々は自信をもって英語を発声するために、英語の発声法を学ばねばならない。それで、ボイス・トレーニングを受けるというわけだ。でね、これをどうやってやるかっていうと、appleから一語一語、ネイティブの先生が合格と言ってくれるまで、繰り返しその言葉だけを練習するわけだ。そうすると、27単語クリアしたとき、27回分。いや、実際のレッスンは単語を音節に分け、その中で口の形や息の出し方等と分解して練習するわけだから、その小さなステップ一つ一つに対して、クリアをしていくたびにネイティブの先生から承認を受けるんだよ」

「先生からの承認、ですか⁉」

「まゆこさんがプチ挫折を味わったのをきっかけに少し英語に対する自信を失ってしまったように、英語に対する苦手意識を持っている人の多くは、実は潜在的に外国人に対する苦手意識もどこかで抱いてしまっているのだよ。つまりネイティブに承認を受けたという自信が足りていないんだ。だから、このレッスンでは繰り返し単語を練習する過程で、ネイティブの承認を受けるということがとても重要になってくるんだ。ネイティブに承認されるというのは、自分自身の英語がちゃんと通じるものであるというエビデンスを受け取るという意味だ。認められたという証があれば、みんな自信を持って前へ進んでいけるものだろう」

まさにその通りだ。外国人に対する緊張から頭が真っ白になり、普段なら思い浮かぶ英単語すらすっかり頭から抜けてしまって、ますます自信をなくす……という悪循環を経験している。

「外国人への苦手意識ですかぁ。まさか自分がそういう意識を持っていたとは認識していませんでしたが、実際に外国人を目の前にした時に、構えてしまうってこと自体がそういうことなのかもしれないですね。そして、発音に自信がないから頭の中で英語の文章が浮かんでいたとしても、はっきりと英語を発話することができず、小さな声で話すものだから、余計に伝わらない……。私はもしかするとあの時のプチ挫折以来、そんなループにはまっていたかもしれません」

「まゆこさんの言っていることは間違いないな。きっとそうだったのだろね。それで、単語だけでいいのか？という質問があったけれど、これについては、こういう回答をさせてもらおうと思う。『単語すらネイティブに通じなくて、話が通じるわけがない』ってね」

私は、長田先生のその言葉で頭を殴られたぐらいの衝撃を受けた。

「確かに、先生の仰る通りですね。発音・発声の基本を押さえないまま、いきなり文章を覚えても、結局は声帯模写になってしまい、相手に通じずプチ挫折という繰り返しになってしまうってことですよね」

「そういうことだ。この27語すべての単語をクリアするまで、しつこく発声の練習をしていると、英語と日本語の発声の違いを体で覚えることができる。その27単語に加えてその単語を用いた短文の発音もネイティブに承認されれば、さらに自信をつけられる。もう一度言うよ。ポイントは、ネイティブとの面接による協働作業だぞ」

「先生、面接って仰いますが、例えばオンライン英会話で相手の人にこの矯正をお願いするのはありでしょうか？　もしそれが大丈夫なら、ネイティブの先生を見つけるのはさほど難しくないかもしれません」

前に、インターネットで『オンライン英会話』と検索したことを覚えている。検索結果が何件も出てきて、結局何がいいのか分からないまま、ページを閉じたのだ。

「さすがまゆこさんは今時の人だね。オンライン英会話ときたか。なるほどね。今はそういうものも発達しているから、利用価値がないとは言い切れない。しかし、オンライン英会話でもいいと私が言い切れない理由が、今私の中でもぱっと二つは思い付いた。一つは、オンライン英会話の先生の発音自体にも問題がある可能性があるということだ。私がよく聞くのは、安価なオンライン英会話の先生はフィリピンなど東南アジアの先生が多いという話だ。既に英会話を習得している方が、会話能力をキープするためにという意味では有効だと思うのだが、今回の発声のレッスンに果たしてその方達が適しているのかは甚だ疑問が残るだろうね」

確かに、私は先生の国籍まで考えていなかった。

「先生、でも英語の発音ということに関して言えば、ＴＯＥＩＣのリスニング・テストでフィリピン語やその他言語の訛りが混ざった英語での会話が出題されたりしていることを考えたら、いわゆるイギリス英語やアメリカ英語の発音でなくてもいいのでは、とも思えるのですが」

色々教えてもらっている長田先生に食い下がるような形にはなってしまうが、疑問はすべて解決しておかなければならない。

「なるほど。そういう考え方もあるかもしれない。でもね、やはりビジネスでもなんでもトップの人たちと付き合うことになるならば、やはりそこはいわゆる正統派の英語の発音を身に着けておいて損はないと思うよ。ビジネスの場面では、綺麗な発音は、好印象につながる。それに、伝わりやすい綺麗な発音であれば、伝わりにくい訛りの英語を話されるよりも仕事ができる人に見られる。これは間違いない。それにわざわざ時間とお金を掛けて、訛った英語の発声を覚えるっていうのもおかしな話だと思わないかい？」

「まあ、確かにそう言われてみればそうですね」

お金もだけれど、仕事をしながら習得するというのは限られた時間で行うことになるので、時間の捻出が難しいだろう。

「それと、もう一つの理由。それは、やはりここで実現したいレッスンの特性上、オンラインでのレッスンには限界があると思うんだ。口の形をどういう風にして、舌はどの位置にあって、お腹のどの辺から声を出して、どの音を反響させて……というのはＰＣ上の小さな画面で確認するのはどうしたって難しいだろう。この二つの理由から、私はやはりフェイス・トゥ・フェイスでのレッスンをお勧めするね。もっと言ってしまうと、この部分は、英語の苦手意識を克服する上で、金銭的には一番投資すべき部分だと私は考えてる。ちなみに、私の場合、このレッスンに四十万円程掛けたのだけど、投資した甲斐があったと今でも思っているよ」

「よ、四十万円ですか⁉」

社会人三年目の私からすると、莫大な金額だ。

「高いと思ったかもしれないね。でも、学べども学べない英会話スクールや英語教材にそれくらい払っている人は実際にいるだろう。そういう人たちには声を大にして言いたい。まずはボイス・トレーニングから始めた方がいいですよ！　とね」

「私も先生の仰ることに納得だわ。まゆこ、ここに関してはケチらずいきましょう！」

まごまごしている私に、彩香が意気揚々と私の背中を叩く。

「確かに。しかし、四十万円かぁ……」

「バリバリ働いているんだし、独身なんだし、将来への自己投資だと思えば、なんとかなる額なんじゃない⁉」

「そう言われてみれば、そうかなあ。じゃあ、とっておいた夏のボーナスはここにつぎ込みますかっ！」

今後のキャリアアップのことなどを考えると、必要な投資だと思えてきた。

「お、まゆこさん、本気だね！」

「はい、こうなったらここはガッツリ自己投資です」

「きっとまゆこのことだから、あっという間に回収できちゃうでしょ。英語もできるようになれば仕事の幅が広がるだろうし、まゆこの会社の昇格基準にも英語って関係あるでしょ！」

彩香がすっかりおだてるので、私もどんどんその気になってきている。彩香に何か物を売りつけられたら、私はきっとまんまと買わせられるんだろう。

「ありますっ！　現状はそんなに困っていないけど、海外系のプロジェクトに加わるとなると、ネイティブ並みに喋れるプロジェクトマネージャーとの英語での面接もあるって聞くし、そういうことに挑戦していきたいと思っているからね！」

私は、さっそくトレーナー候補の先生を探すことを次の目標にした。私と長田先生が二杯目のコーヒーと紅茶を飲み終わったところで、私たちは店を後にした。

第三章のまとめ

POINT 1

日本語と英語（多言語）の違いを知らなければならない

言葉には、「聞く・話す・読む・書く」の四つの機能があり、この四つの機能に関係して、脳内では言葉を音としてとらえ、その結果を文字に置き換えて声を発している。同様に、読むときも脳内では音声としてインプットし、書くことでアウトプットしている。言葉というのは常に「音声と文字」が伴っており、英語を習得する際にはこの「音構造」と「文構造」の日本語との違いを認識することが必要不可欠となる。

POINT 2

英語と日本語の音構造の違いとは

日本語と英語の大きな違いに「音節」がある。「音節」とは、英語で言うと言葉のリズムの基本。英語は CVC（子音＋母音＋子音）型の閉鎖音声で成り立っていることが多いが、日本語は CV（子音＋母音）型の開放音声が基本。つまり、発声方法が正反対のため、日本語話者は英語を発音するのが困難となっている。

POINT 3

カタカナと英語の不可逆現象

外来語はそのまま英語として通用せず、ローマ字（カタカナ）から英語本来のスペルに戻せないという現象が起きている。日本語には“LQVX”の四文字がローマ字として使われていないため、日本人が勉強してきたローマ字式発音は、あくまでも日本語の音声そのものであって、英語音声とはかけ離れているのだ。また、英語にはスペリングと発音に大きな隔たりが生じていることも大きな原因となっている。

POINT 4

ネイティブによる「ボイス・トレーニング」が英語克服の鍵

「ボイス・トレーニング」とは、40 時間にわたりネイティブの講師の元で、決められた単語リストにある 27 単語をネイティブに通じるような発音になるまで繰り返し発声するというもの。そして、そのトレーニングのもう一つの狙いは、「外国人免疫」づくり。外国人と接する場を増やして、異文化コミュニケーションを図ることが英語習得への近道なのだ。

■　第四章

発音の違いをマスターしたら文の構造を知ろう

長田先生のアドバイス通り、ネイティブ講師による「ボイス・トレーニング」を受けたまゆこ。目標にしていた英語を使ってのプレゼンも成し遂げられた。でも、まだビジネスレベルでの英語とは程遠い。さらなる英語スキルを上げるために、長田先生が教えてくれたのは、日本語話者が容易に英語を理解するための文法、「VSOP 英文法」だった。

第四章　発音の違いをマスターしたら文の構造を知ろう

彩香と長田先生と横浜で会った翌日の日曜日、インターネットでさっそくボイス・トレーニングを実施している教室を検索してみた。しかし、日本人が運営している教室は家から通える範囲で何箇所かヒットしたが、ネイティブの外国人講師となると、なかなか見つからなかった。

家で悶々としていたが、気晴らしに、昼食の食材を買おうと隣の駅のスーパーまで足を延ばして歩いていると、偶然ボーカル・レッスンの教室を発見したのだ。突撃訪問しようとしたが、まだオープン前だったようで、人の気配はなく、表の看板に書いてあった電話番号をメモして帰宅した。お昼過ぎになって電話をすると、なんとジャズ・ボーカル・レッスンを担当している先生の中にネイティブの先生がいたのだった。

体験レッスンがあるということで、一週間後の土曜日に予約をし、まずはカウンセリングを受けた。通常、こういったネイティブの先生のレッスンは洋楽コースという形で、洋楽を歌いながら英語の楽しみを学びつつ英語を習得するという目的があるらしい。社会人コースは月に60分×10回コースというものがあり、月に600分レッスンできるそうで、四カ月続けて計四十時間分通うことにした。

カウンセラーの方に、今回の目的を話し、例の英単語リストを見せると、こういったお願いをされるのは初めてだけれど発声は重要なことなので、と快く引き受けてもらえた。

こうして、私の怒涛のボーカル・レッスンがスタートした。担当してもらえる先生はキャサリンという、日本人の旦那さんと小学生の二人のお子さんがいるというアメリカ出身の女性だ。ディズニー・シーのビッグバンドビートに出演していたこともあるらしい。レッスンは毎週水曜日と土曜日にしたので、水曜日は残業をしないように、日中いつも以上のスピードで業務をこなした。

長田先生の言った通り、最初の発声練習はなかなかキャサリンの承諾が得られず一つの単語をネイティブの人にきちんと伝えることの難しさを痛感した。顔が筋肉痛になるという体験もして四苦八苦だった。しかし、回を重ねるごとに私も要領を得始め、apple に始まり、三カ月目には20の単語で承諾を得ることができた。

それと同時に、キャサリンと簡単な英会話も交えるようになったり、ジョークで笑い合ったりなど時間を共有するうちに、自然と外国人に対しての苦手意識が薄れていくのを感じた。そうして、四十時間の英語レッスンを終えるようになったとき、私は27の英単語をマスターし、すっかりキャサリンとも簡単な英会話なら問題なくできるようになっていたのだった。

そんな折に、会社でも一つの転機が訪れた。新しい業務改善システム導入のプレゼンを外資系の得意先にすることとなり、プレゼンターとして私が抜擢されたのだった。相手方に日本人はいるものの、3分の2は外国人とのことで、英語でのプレゼンが必須になった。

そして当日、入念に資料を準備し、キャサリンとのレッスンで英語に自信をつけていた私は、何とか言葉に詰まることなく英語でのプレゼンを終えることができたのだった。こうして、当初の目標であった英語を使って仕事をするという点での第一関門はクリアできたのだ。

＊＊＊＊＊

季節は三月になり、私は久しぶりに彩香と一緒に長田先生のオフィスに向かう電車の中にいる。前回長田先生と横浜で食事して以来なので五カ月が経っていた。その間に彩香とはクリスマスディナーだったり、新年会をやったり、お互いの近況を報告し合っていた。今日は、長田先生にボイス・トレーニングの成果だったり、会社のプレゼンで成功したことなどを話そうと思っている。

駅に降り立ち、長田先生のオフィスまでの道を彩香と歩く。あいにく今日は雨模様で、小雨がパラパラと降っていた。

「こんにちは、お久しぶりです！」

久々にお会いする長田先生は相変わらず柔和な笑顔で私たちを迎えてくれる。

「おお、お二人さん、お足元の悪い中よく来てくれたね。雨は大丈夫だったかい？」

先生はそう言うと、私と彩香の二人分のタオルを持ってきてくれた。電車の中での移動中は雨が強い時もあったけれど、歩いている間は小雨だったので思いのほか濡れずに済んだ。

「ありがとうございます。ここのところ週末雨が降ることってなかったので、ちょっとタイミングが悪かったですね」

私は先生が差し出して下さったタオルを受け取りながら、愚痴をこぼした。

「でも、私は買ったばかりのレインブーツが早速履けたから少し嬉しかったかな。あ、先生恐れ入ります。タオルお借りします」

彩香はそう言ってから、長田先生からタオルを受け取り、さらにこう続けた。

「そうそう、先生、まゆこ、発声レッスン四十時間終了したんですよー。ねっ！」

「ええ、そうなんです。普段はボーカル・レッスンをしている先生にお願いしました。あ、これありがとうございます。助かりました」

私はそう言いながら、長田先生にタオルをお返しすると、長田先生はそのタオルを受け取りながら、「おお、それはよかった！」と言った。

「いや、ああ言ってみたものの、私も先生を探すのはそれなりに苦労したから、まゆこさんはどうなったかなと実は心配していたんだよ。私の先生を紹介しようにも、彼はアメリカに住んでいるからね。ああ、見つかったなら良かった。ちなみにその先生はどんな反応していたかな？」

長田先生は私たちをリビングに通して、チェアを勧めてくれた。

「はい。私がお願いすることにした先生はキャサリンさんといってアメリカのご出身なのですが、日本人のご主人とご結婚されて今は日本に住んでいらっしゃいます。実は彼女も日本人の生徒さんにジャズ・ボーカルを教えてきた中で、発声の重要性というか難しさを認識されていたようです。長田先生のお話をして、私がマスターしたいことをお伝えしたら、すぐに納得してくださいました。そして、興奮気味に『本当は他の生徒さんもここまでやって貰えば、もっともっと上手く歌えるはずなのよね。私もレッスンの仕方を少し考え直そうかしら』って仰っていましたよ」

「はっはっはっ、それは良かった」

「四十時間は終わってしまいましたが、せっかくなので一曲くらいジャズのナンバーをしっかり歌えるようにレッスンを継続しようかと考えています」

「それもいいね、一石二鳥。楽しく学んだ方が続くだろうし。歌は万国共通で人の心を動かすからね。これから世界の人たちとコミュニケーションをとっていく上でも、絶対に無駄になることはないからね。僕もそれをお勧めするよ！」

先生は、私のボイス・トレーニング談を楽しそうに聞いてくれた。

「ありがとうございます。英語でジャズを熱唱できる大人の女性を目指します！」

「えー、なんかまゆこばっかりずるいー。私もジャズ・ボーカルレッスン受けようかなぁ」

「どうぞどうぞ、先生紹介するよ！　なんなら二人でデュオでも組む⁉」

「お、それいいかも！　あ、先生、私もタオルありがとうございました」

そう言って、彩香も長田先生にタオルをお返しした。

「はっはっはっ、二人とも本当に頼もしいね。二人がデビューしたら、僕はファン第一号になるよ」

私たちの悪ふざけに長田先生も乗ってくれるようになっていた。妄想トークで暴走できるのも私と彩香が仲良くなった理由の一つかも知れない。それに長田先生まで乗っかってきてくれるとは、本当に有難い。経験上、楽しい気持ちと一緒に覚えたことは、そう簡単には忘れないような気がしている。英語への苦手意識を吹き飛ばす

ために も、このまま楽しく英語学習に取り組もうと、私は改めて心の中で誓った。

「先生、それで外国人への苦手意識もすっかり克服できましたし、英語でプレゼンすることもできて、確実に以前の私よりは英語が上達していることは確かなんですが……やっぱり、応用が利かないといいますか、物足りなく感じちゃいまして。予め準備しておいた資料を話すことや簡単な英会話はできるのですが、ビジネスレベルには達していないといいますか……。まだまだ、自分の英語スキルを上げていかなければいけないな、と感じているんです」

「そうか。でもプレゼンが成功してひとまず良かったね。それでは、まゆこさん。発声のことはキャサリン先生にお任せするとして、さらに英語のスキルを上げていきたいということだから、英語の『文構造』についてお話していくとしようか」

「はい、今日もどうぞよろしくお願いいたします！」

事前に、長田先生には今回の趣旨をメールで伝えていたので、長田先生も話すことの準備をしてくれているようだった。

「よろしくお願いいたします」

と彩香も私に続いた。すると、長田先生は冷蔵庫からコーラのペットボトルを持ってきて「はい、これね」とテーブルに置いてくれた。

「ありがとうございます。いただきます！」

彩香と私はそう言って、早速ペットボトルの蓋を開ける。さらに長田先生は、瓶をもって席に着くと

「早速だけど、まゆこさん、君が学校で習った英文法についてちょっと話してみてくれないか?」と言いながらティッシュペーパーを広げ、瓶の中からかりんとうを出した。

私はコーラのペットボトルをテーブルに戻してから、答えた。

「英文法……。そうですね、英文法といえば関係代名詞とか不定詞とか、三単現のs、現在進行形、仮定法過去、仮定法現在とか、なんだかそんな英文法用語が浮かんできますね。受動態とか動名詞なんて言葉もあったような……。とにかく、覚えきれない程の文法用語がたくさんありました。って、あれ? これは英文法の説明にはなっていませんかね」

すると、横から続けて彩香がこう言った。

「どこかで聞いたことあるようで、私は結構その辺の用語にとっても疎いかも……。英語というか難しい日本語にしか聞こえないです……」

「はっはっはっ、また彩香くんも面白いことを言うね。でも、二人の発言は僕にしてみれば、とても的を射た発言だと思うね」

そう言って長田先生は、テレビモニターにＰＣの画面（123ページ・図13（英文法詳細項目（約320項目））を写した。

「ちょっとこの画面を見てもらえないか」

「これはなんですか? 中国語……な訳ないですね。英文法しょうさいこうもく……?」

彩香は画面を見るなりそう言った。

英文法詳細項目(約320項目)

8品詞　名詞　代名詞　形容詞　動詞　副詞　前置詞　接続詞　間投詞

名詞　普通名詞　集合名詞　固有名詞　物質名詞　抽象名詞
普通名詞・無冠複数形　単数形と複数形　冠詞複数形　集合名詞・単数形と複数形　衆多名詞　不加算名詞
固有名詞：普通名詞　物質名詞　抽象名詞⇔普通名詞・固有名詞　普通名詞→抽象名詞・固有名詞　普通名詞→抽象名詞
普通名詞→固有名詞　固有名詞→普通名詞　物質名詞→普通名詞　抽象名詞→普通名詞・固有名詞　可算名詞　不可算名詞
単数と複数　疑問と否定　規則複数　不規則複数　単複同形　外来語の複数形　文字記号の複数形　複合名詞の複数形
複数複数形　単数複数意味の違い　主格　所有格　独立所有格　二重所有格　目的格　副詞的目的格　同格　男性・女性名詞
通性　中性
代名詞　人称代名詞　所有代名詞　再帰代名詞　指示代名詞　不定代名詞　疑問代名詞　関係代名詞
形容詞　記述形容詞　物質形容詞　固有形容詞　分詞形容詞　数量形容詞　性状形容詞　不定数量形容詞
数詞　所有格　指示代名詞・形容詞用法　不定代名詞・形容詞用法　疑問代名詞・形容詞用法　形状形容詞　限定用法・形容詞
叙述用法・形容詞
動詞　自動詞　他動詞　使役動詞　規則動詞　不規則動詞　群動詞　動作状態・動詞　方向性・動詞　知覚動詞
副詞　単純副詞　疑問副詞　関係副詞　文修飾副詞　時頻度副詞　場所副詞　程度強調副詞　肯定否定副詞　群動詞副詞
前置詞　前置詞　群前置詞　二重前置詞　動詞・前置詞と結合　形容詞・前置詞と結合
接続詞　等位接続詞　従位接続詞　相関接続詞　等位接続詞　接続副詞
間投詞

他の文法項目

冠詞　不定冠詞　定冠詞　等
疑問詞　疑問代名詞　疑問形容詞　疑問副詞　間接疑問　従属疑問
数詞　基数詞　序数詞　倍数詞
比較　原級　比較級　直喩　倍数表現　比較級構文　劣勢比較級構文　絶対比較級　最上級⇔比較級⇔原級　絶対最上級　規則変化
不規則変化
時制　現在時制　過去時制　未来時制　現在完了　過去完了　未来完了　現在進行形　過去進行形　未来進行形　完了進行形
助動詞
不定詞　to不定詞　原形不定詞　不定詞完了形　受動態不定詞　不定詞否定形　分割不定詞　分離不定詞　名詞用法　形容詞用法
副詞用法　疑問詞＋to不定詞　S＋V＋to不定詞　S＋V＋O＋to不定詞　独立不定詞
分詞　現在分詞　過去分詞　分詞完了形　分詞受動態　分詞形容詞　S＋V＋O＋分詞　現在分詞構文　過去分詞構文　独立分詞構文

動名詞　単純形動名詞　完了形動名詞
法　命令法　直説法　仮定法　仮定法現在　仮定法過去　仮定法過去完了
態　現在形・能動態　過去形能動態　未来形能動態　現在完了形能動態　過去完了形能動態　未来完了形能動態
現在進行形能動態　過去進行形能動態　未来進行形能動態　現在形・受動態　過去形受動態　未来形受動態　現在完了形受動態
過去完了形受動態　未来完了形受動態　現在進行形受動態　過去進行形受動態　未来進行形受動態　第3文型受動態
第4文型受動態　第5文型受動態　疑問文受動態　命令文受動態　群動詞受動態　不定詞・分詞・動名詞受動態　能動受動態　経験受動
関係詞　関係代名詞　擬似関係代名詞　関係副詞　関係形容詞　複合関係詞　複合関係副詞　複合関係形容詞　一致　主語と動詞
不定代名詞と動詞　複合主語と動詞　名詞と代名詞　主語と補語　格　例外　仮定法　時制の一致と話法
話法　直接話法　間接話法　特殊話法
否定　強い否定　弱い否定　否定構文　全体否定　部分否定　二重否定
倒置　省略　強調　挿入　習慣的倒置　条件節・譲歩節倒置　強調倒置　It is～that 強調　do強調　語順倒置強調　強意語句強調　否定語句強調
再帰代名詞強調　挿入語句　同格語句
文転換と主語変換　単文と複文　重文と単文　重文と複文　修辞疑問文と平叙文　平叙文と感嘆文　主語変換　無生物主語変換
品詞の転用
名詞⇔動詞　名詞⇔形容詞　形容詞⇔副詞　副詞・接続詞・不定代名詞　副詞・接続詞・前置詞　形容詞・副詞・名詞
接続詞・副詞・前置詞・関係代名詞
句　名詞句　形容詞句　副詞句
節　名詞節　形容詞節　副詞節
文　肯定文　否定文　平叙文　特殊疑問文
疑問文　一般疑問文　肯定疑問文　否定疑問文　特殊疑問文　疑問代名詞　疑問副詞　選択疑問文　間接疑問文　付加疑問文　普通疑問
特殊付加疑問　修辞疑問
命令文　肯定形命令文　否定形命令文
感嘆文　How+形容詞(副詞)＋S＋V　What a (an)＋形容詞＋名詞＋S＋V　省略形(S＋V)感嘆表現
祈願文　(May+ S＋V)形祈願文　仮定法祈願文
単文
重文　and　but　or　for　so
複文　名詞節を含む複文　形容詞節を含む複文　副詞節を含む複文
混文　単文と複文　複文と複
修飾語　形容詞的修飾語　冠詞　形容詞　名詞　準動詞　前置詞＋名詞　形容詞節　副詞的修飾語　副詞　副詞句　副詞節

図 13．英文法詳細項目（約 320 項目）

「あはは、漢字ばかりで確かに言われてみれば、中国語にも見えるかもしれないね。まあ、日本語ではあるのだが、実はこれ、『ロイヤル英文法』を参考に、英文法用語を並べたものだ。ここにも書いてあるが、実に320項目ほどある」

長田先生はそう言って、コーラを一口飲んだ。

「320項目？　随分ありますね！」

私は、思わずコーラを吹きだしそうなくらいに驚いた。

「そうなのだよ。英文法で学ばなくてはならないことは、ここに書いてある内容に留まらず、熟語、慣用句、例外事項と、それこそ学び尽くせないほどの項目が続くんだ。しかも、これらの320の項目数に対して、やれ五文型だの、時制だの、法、態、文、要因等々、さらに肯定だの、否定だのと色々なパターンを私が単純計算で掛け合わせみたところ、実68万通りの組み合わせがあることが分かった」

「ろ、ろ、ろくじゅうはちまんとおりー!!」と彩香と私がすっかり同じリアクションをしたので、三人は目を合わせて笑ってしまった。

「えー、そんなにたくさんですか？　まゆこ、まさか英語の授業でそれ全部勉強してきたわけじゃないわよね？」

彩香が信じがたい表情で私を見た。

「えーっと、さすがに68万通りも勉強したという自覚はないけれど、でも、そうそう五文型とかありましたね。教科書の単元ごとに新しい文法が出てきて、学校の英語の授業ではずっと文法を勉強していた気がしますね」

私は今となっては遠い記憶となってしまった授業を思い出してみる。

「そうだろう。日本の英語教育で採用されている五文型英文法や学者たちの説く言語解析論を見てみると、どれもツリー型データベースの解析となっている。まゆこさんはＩＴシステム会社にお勤めだから、ツリー型データベースは分かるかな？」

それは、英語の文法よりは最近の記憶だった。

「実際に使ったことはないですが、ツリー型データベースって階層型データベースのことですよね？　言葉と概念は知っています。新入社員研修でデータベースの勉強をするときに出てきました」

「そうそう、階層型データベースとも言ったね。階層型データベースの問題点が何だったか覚えているかい？」

長田先生は容赦なく私を質問攻めにした。

「うわぁ、難しい質問ですね。ちょっと待ってくださいね。ＳＥモードに頭を切り替えますんで……。えっとですね、データが親子関係になっていて、１つの親データに対し、〝多〟の子データで表現されるのが階層型データベースで、蓄積されたデータから１つのデータを取り出すのが困難になるという問題点があったと思います」

私は、自分の頭の中のデータベースを検索して、なんとかそう答えた。

「そうそう、まさにその部分なんだよ。僕が指摘したいのは！　日本の英語教育で教えている英文法というのは、まさに階層型データベースのような考え方で整理されたものなんだ。先ほど見せた『英文法詳細項目』から分かるように、日本で教えている英文法は覚えなくてはいけないことだらけなのだよ。それで目先の細かいところにこだわりすぎて英語への苦手意識を抱いてしまう……そんな悪循環に陥っていると思うんだ。『木を見て森を見ず』状態となっていると言ってもいいだろう」

「なるほど、木を見て森を見ず、ですか」と私は、言った。

「実際に、私が今まで出会った英語学者の中にも、五文型英文法がおかしいと言っている人は何人もいたし、文法を放棄したら英語が分かるようになったという専門家もいる。英会話教室では、ネイティブは五文型英文法など無視して、ＴＰＯの会話フレーズを暗記するように教えるのが常だ」

受験勉強ではとにかく英単語の暗記と、文法を覚えることを優先してきたが、それがより英語への苦手意識を高めているということだろうか。

「つまり、私たちが学校で習ってきた英文法が、より英語学習を複雑にさせていたと要因の一つであると先生は仰っていますか？」

私は、改めて長田先生にそう投げかけてみた。

「いかにも！　結局のところ、これらの膨大な文法用語が表している通りで、階層型データベースの考え方で整理された現状の分析方法では、普通の者では英文法を理解できないのは当然の現象だと私は思う。英語の文構造が日常の言葉として分かりやすく解析できていないために、学ぼうとしてもシナジー効果もコンテクストも起こらず、学習者は思考停止状態に陥ってしまっているのではないだろうか？」

私は二、三度頷いた。

「先生、私も英文法に関してはどこかで苦手意識を持っています。受験のために頑張って覚えてきて、ギリギリ理解しているつもりではいますが、どこか曖昧になっているところがあります。今、先生のお話を伺っていたら、この苦手意識がなんとなく正当化されたような気がしてきたのですが、それっておかしいですか？」

「いや、全くおかしくないよ。むしろ当たり前と言ってもいいと思っている。日本人が英語を学べとも学べない状態は、個人的な責任なんかではないと断言してもいいだろう。そもそも、いわば世界の公用語として扱われている英語の文法が、これほどまでに複雑である必要はどこにもないはずだ」

長田先生にそこまで言い切られると、またしても私は開き直りそうになってしまう。

「そう言われてみれば、そうよね。さっきから呆気にとられて何も言えなかったけど、そこまで複雑に文法を知らなくても英語なんて簡単に使えるはずだわ」

そう彩香が言った。実際に、英語をマスターしている彩香に言われるとなおのこと納得してしまう。

「彩香さんの仰る通り。私もね、『英語教育システム』における疑問と混乱の解明に取り組む中で、このことはずっとおかしいと思っていたんだ。語彙のレベルは別にして、きっと幼児でも習得できるような簡単な英文法の法則が存在するに違いないとね」

「先生、それで、その簡単な英文法の法則って、存在していたのでしょうか？　あるなら、是非早く教えてください！」

私は、またもや前のめりの質問とお願いをしてしまった。簡単な法則があるなら、聞かないわけにはいかない。

「まゆこさん、ご心配なく。我々のような日本語話者が容易に英語の理解が可能となる文法をちゃんと見つけたんだよ」

「本当ですか⁉」

まるで神の声のようだ。思わず両手を組んでポーズを作ってしまう。

「もちろん、本当ですよ。それは一体何かというとね、僕の友人の西巻尚樹《にしまきなおき》さんという方が開発した『VSOP英文法』というものなんだけどね。西巻先生は、長年にわたって英文法の複雑さと曖昧さに疑問を持ち続けて解析に取り組み、本当の英語の法則を発見し、その体系化をし、その有用性まで証明しているんだ」

「VSOP?」

そう私が言うと、彩香が続いた。

「なんか、ブランデーの名前みたいですね。」

「私も初めに聞いた時は、あえて覚えやすくするために、この英文法にそういう名前を付けたのかと思ったのだけど、VSOPは、実はこの文法を特徴付ける表現〝Very Simple One Pattern〟の頭文字を並べたものなんだ」

「Very Simple One Patternですか。え、ワンパターン? そこまでシンプルになるものなんですか?」

私は、拍子抜けしてしまう。

「そうなんだ。そして、そのシンプルなワンパターンの一文型というのが、〝SVOP〟なんだ。SVOPの説明の前に、日本語の構造の話を一つすると、日本語の述語は、〝どうする〟の動詞、〝何がある〟の名詞、〝どんなだ〟の形容詞、〝何だ〟の名詞の四本のロジックを使っている」長田先生はそう言って、ディスプレイに二つのスライド(129ページ・図14(日本語は四本のロジック))、(130ページ・図15(英語の四本のロジック))を映した。

「また、英語にも四本のロジックがあるのだが、日本人は一本だと思いこんでいる」

「このように、日本語の四ロジックが理解できていなければ、当然英語の四ロジックが分かるわけがないんだ。

日本語は四本のロジックを使っている

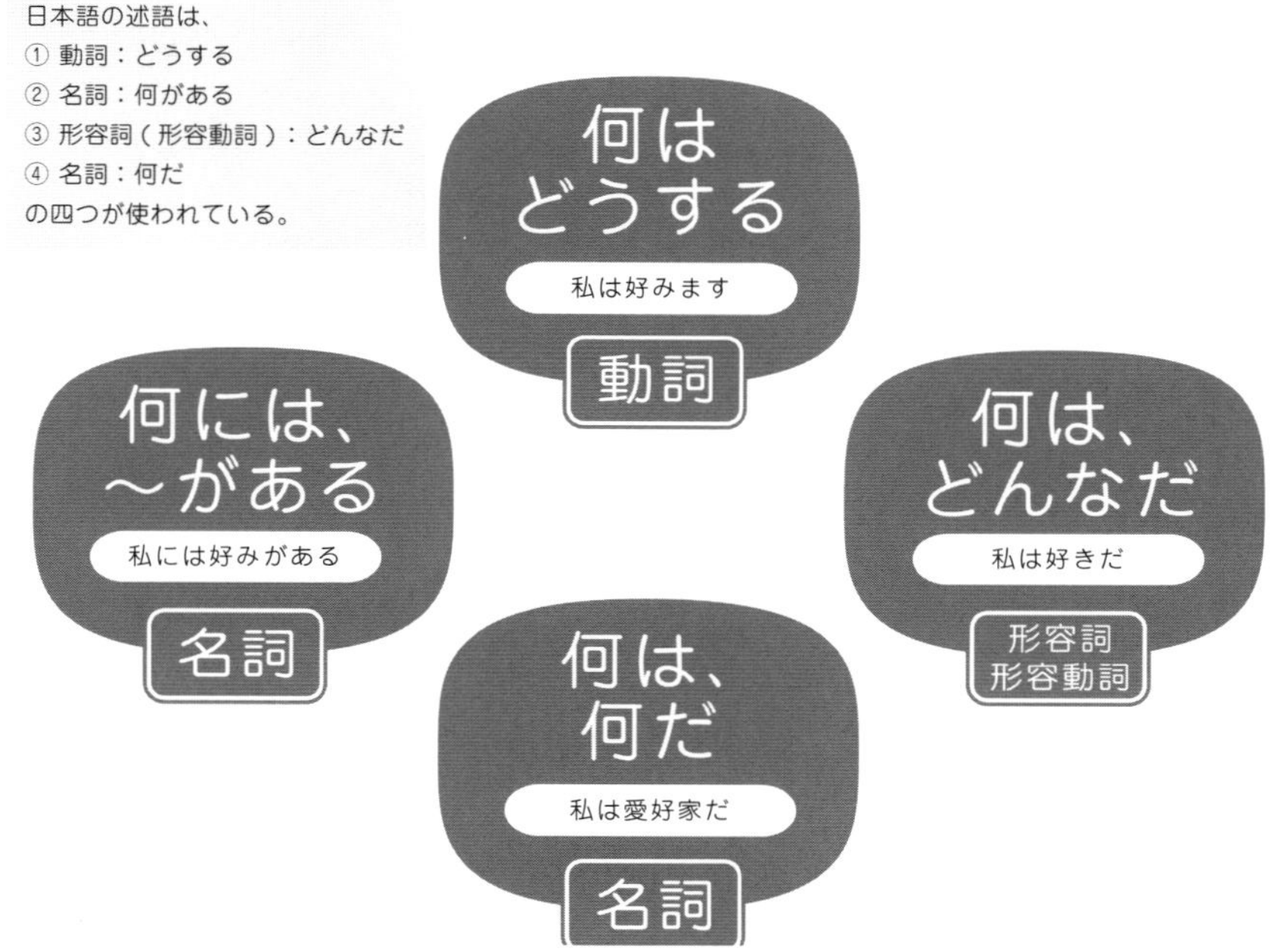

図 14. 日本語は四本のロジック

まずは、助詞を使って語順を変えられるという日本語の特徴を理解してから、英語の学習をするべきだと思っている」

確かに、図14にある日本語の四つのロジックを理解し頭を柔らかくしてから図15を見ると、英語の四つのロジックがすんなり頭に入ってくるような気がした。

「そう考えると、日本語がきちんと理解できていれば、英語のスキルアップにもつながりそうですね！」

「そうだね、まゆこさん。それでは先ほどの話に戻ろうか」

「はい、SVOPですよね。つまり、Sはsubjectで主語、Vが動詞のverb、Oは目的語で、あれ、Pって何でしょう?」と私は言った。

図15. 英語の四本のロジック

「まあまあ、まゆこさん、まずは焦らず、一旦頭の中から五文型のことは忘れてほしい。VSOP英文法で言うところのSVOPという一文型について、Sは確かにSubjectで主語なのだが、後は五文型英文法とはまったく違う概念と用語になる。Vは動詞verbのVではなく、VerdictのVだ。Verdictを西巻先生は判断・気持ちを表す言葉ということで『判断語』という風に呼んでいる。OはObjectのOだが、こちらも西巻先生は目的語とは呼ばずにもっと広い範囲を示す言葉として『対象語』という風に呼んでいる。そして、五文型では見かけないPというのは、PredicateのPで『叙述語』と呼ぶんだ」

私は一気に新しい情報が頭の中に流れてきたので、整理困難な状態に陥ってしまう。

「先生、少し待ってくださいね。まだ頭が混乱しています」

「無理もないだろう、今までの英文法の概念とはまったくかけ離れたことを説明しようとしているからね。今はただ一文型が何から成り立っているのかというのを説明したに過ぎない。もう少し西巻先生の理論について、詳しく説明させてもらってもいいかい？」

「もちろんです、先生お願いします」

私と彩香が声を合わせて言う。

「まず大前提として、英語には日本語で言うところの助詞がないために、語順で意味が決まるという話があったのを思い出してほしい。西巻先生の言葉をお借りして話すと、日本語では『が・の・に・を・です・ない』などの付属語が言葉の機能を果たしているために、語順を変えても通じるようになっている。中でも『が・の・に・を』などの格助詞は『その言葉の働き』を果たすので、これらの格助詞がくっつく言葉を文中のどこで使っても働きは変わらないということだ」

「えっと、今仰ったのは、つまり『私は、長田先生に、英語学習法を教わっています』と言っても、『長田先生に、英語学習法を、私は教わっています』と言っても意味が通じるという話ですよね？」

私は、長田先生との認識の違いがないように確認した。

「そういうことだね。繰り返しになるけれど、これに対して、英語は語順で『言葉の働き』を果たしている。だから、もしも語順を変えてしまうと意味が通じなくなるか、意味が変わってしまうということなんだ。だから語順を変えることはできない」

「つまり、〝I learn the effective method of learning English from Mr.Nagata〟とは言えるけれど、〝From

Mr.Nagata The effective method of learning English I learn.〃とか語順が変わってしまうと意味が通じなくなってしまうということですね」

私は、先ほどの先生への質問を英語に変えて尋ねてみた。

「そうそう、その通り。では、なぜ意味が通じなくなってしまうかというと、S-V-O-P の語順が崩れてしまうからなんだ」

私は、これまでの英語学習の脳をフル回転させて別の質問をしてみる。

「先生、こんなのはどうですか? 〝It is the effective method of learning English that I learn from Mr.Nagata.〃こうしたら、語順変えても意味が通じると思うのですが!?」

「確かにまゆこさんの仰る通りで、一般的に強調構文と呼ばれる形を使えば、語順を変えても意味が通じるようにできる。しかし、この意味が通じるのは、It is…… that…… という枠組みをつかって、S-V-O-P という語順になるように工夫してあるからなんだ」

私は「ちょっと待ってくださいね」と言いながら、さっきの英文をノートに書き出してみた。そして、指でなぞりながら、S-V-O-P を確認してみた。

「要するに、It が主語でS、is がVで、the effective method of learning English がOで、that 以下がPという理解でいいですか?」

「そうなるね」

先生が、私のノートに目を落としながら一つ一つ確認してくれる。

「S-V-O-P、なんとなく分かってきた気もするのですが、その一文法ですべてが説明できるというのが、いまいちよく理解できません。もう少し詳しく解説していただいてもいいでしょうか?」

分かっているようでいないような気持ち悪い感じなので、私は正直にそう長田先生に伝えた。

「もちろん！　例えば、こんな簡単な文章で考えてみよう。〝I like traveling on a train.〟この文章だと、S-V-O-Pは、それぞれ何になるか分かるかな?」

長田先生はそう言いながら、文章をPCでタイプして、ディスプレイに映した。

「Iが主語だからSubject、likeがVerdict、travelingがObject、on a trainがPredicateですね」

私は、SVOPと略さずに先ほど先生から教えて貰ったVSOP英文法用語を敢えて使ってみた。

「そうですね！　そうしたら、次は〝I like traveling on a train.〟という表現の類義表現を考えてみましょう。類義表現を挙げてもらうことはできるかな?」

「類義表現って、つまり同じ意味になるように別の言葉で言い換えるっていうことでしょうか?」

私は長田先生に確認すると、先生は「その通り」と頷いた。

「〝I am fond of traveling on a train.〟とか、どうでしょう?」

私は、先ほどのスライドを思い出して表現してみた。すると長田先生は、すかさずPCでその文字をタイプして、ディスプレイに写した。

「そうですね、こう言いますね。彩香さん、他にはどうでしょう?」

「そうですねぇ、さきほどのスライドを参考にさせていただくと〝I am a lover of traveling on a train.〟とか

〝I am in love with traveling abroad.〟とか、〝I have a linking for traveling on a train.〟とか、そんな感じでしょうか？」

長田先生は、私と彩香が言った英文を四列にタイプすると、一番上の段に初めの英文も書き加えた。そして、その後、単語のまとまりごとにスラッシュ（/）を入れていった。

I / (do) like / traveling / on a train.

I / am fond / of traveling / on a train.

I / am a lover / of traveling / on a train.

I / am in love / with traveling / on a train.

I / have a liking /for traveling / on a train.

そして、長田先生はタイプし終えると、「これを見て何か気づいたことはあるかな？　なんでもいいから言ってみてもらえるかな？」と言った。

私と彩香は期待されている答えがよく分からずに、二人で目を合わせて黙ってしまった。すると長田先生が「どんなに小さいことでも、くだらないと思うことでもいいんですよ」と優しく念押しする。

私は、思い切って「どの文章もIから始まっていて、on a trainで終わっています」と答えた。すると、長田先生が「その通りですね！」と言いながら、先ほどの英文の下に日本語を付け加えた。

I / (do) like / traveling / on a train.

I / am fond / of traveling / on a train.

I / am a lover / of traveling / on a train.

I / am in love / with traveling / on a train.

I / have a liking /for traveling / on a train.

同じ言葉／同じ働き（文節）／同じ働き（文節）／同じ言葉

「西巻先生の提唱するVSOP英文法では、『英語は語順で意味を決めている言葉』と定義している。つまり、こんな風に考えるべきなんだ。主語のＩは置いておいて、主語Ｉの後ろの言葉に注目して欲しい。like、am fond、am a lover、am in love、have a likingと、動詞だったり、be動詞＋形容詞だったり、be動詞＋名詞、be動詞＋前置詞＋名詞だったり……と、品詞はそれぞれ違ったものが並んでいる。品詞は違うにもかかわらず、よく見てみるとこれらの言葉の塊はどれも同じ働きをしていると考えられる」

「そう言われてみればそうですねぇ」

私は、ディスプレイをを見ながら上下に並んだ言葉を比較してみる。

「この二番目の言葉のまとまりは、一般的には『動詞句』と呼ばれているのだが、動詞句の中で動詞と考えられている〝am〟や〝have〟は、この文節の中で『意味の中心語』にはなっていない。

fond（好きだ：形容詞）

a lover（愛好家：名詞）

in love（大好きな状態だ：前置詞句）

a liking（好み：名詞）

などの『動詞ではない言葉』が、中心の意味を表現している。このような言葉のまとまりを『動詞句』と呼ぶのはあまりにも不自然だと西巻先生は考えた。それでは、このような言葉の働きは何かと考えてみると、どうも『話し手の判断を表している』ように感じられるのだ。だから、これらの言葉のまとまりを『判断語（文節）Verdict』と考えることにしたのだそうだ」

「なるほど、Verdict・・SVOPのV。判断語、判断文節ですね」

彩香が頷きながら理解を示している。

「そうだね。それで、次は三番目の言葉のまとまりに注目してもらいたいのだけど、これは『話し手の判断の対象』になっているので『対象語（文節）Object』と考えることとする。五文型でいうところのObjectつまり目的語よりも『広い対象を指す言葉』として考えた方が妥当だと西巻先生は仰っているんだ」

「三つ目の言葉のまとまりでいうと、of traveling とか with traveling とか　for traveling　と前置詞がついているものもありますが、それも含めてO、つまり対象語と考えればよいのでしょうか？」

私は、後で混乱しないようにメモをとりながら必死に質問する。

「そうだね。前置詞句も、『判断語　Verdict』の後ろで使われている場合は、『対象語 Object』と考えるべきだというのが西巻先生の整理の仕方なのだ。繰り返しになるけど、VSOP英文法では、使われている言葉の品詞に影響を受けずに『同じ位置で使われる文節は、同じ働きをしている文節』と考えるんだ」

「なるほど。先生、VSOPの一文型を覚えれば、もう五文型を意識しなくていいということですよね？」

私は、なんだかそれを聞いただけですっと心が楽になる気がした。

「そうだろう。ＶＳＯＰ英文法を知った人たちは皆そういう風に言って喜んでいるんだ。だから、もっともっとたくさんの人にこの考え方を広めて、英語の文法で苦労されている方々を救ってあげたいと思っているんだよ。西巻先生は、『品詞による分類解釈法』である五文型が複雑すぎるために日本人の英文法嫌い、さらには英語嫌いを作ってしまっているのだろうと言っているんだが、私も彼の言う通りだと思う」

「先生、ちなみにＶＳＯＰ英文法を使って英語を解釈するときは、頭から語順通りに理解していけばいいということですよね。さっきの例文でいうなら『私は、好き、旅行するのが、電車で』みたいな感じで」

「そういうことだ」

「まゆこ、ごめんね、これは興味本位での質問になっちゃうんだけど、まゆこは今まではどうやって英文を解釈していたの？」

「うんとね、どうやって説明したらいいかな。例えるなら、漢文みたいにレ点とか返り点をつけて読んでいるイメージかな。主語を見つけて、次に動詞を見つけて、それでその動詞の性質を考えて目的語とか補語を見つけて、という感じでまずはパズルのパーツを認識して、それを組み立て直して日本語文を作って理解するみたいに。今の説明で雰囲気伝わった？」

「うーん、微妙」

彩香は渋い顔をして、頭を横に振っている。

「だよね。じゃあ、もう少し具体的に説明してみるね。例えば、簡単な文でいうと、I call her Nancy. とかいう文があったら、まずは主語のIを認識し、次に動詞のcallを見つけ、callってことは、『私は○○を●●と呼ぶ』って意味だから、○○ と ●● を見つけ出して、○○はherで彼女、●●はNancyだから、それぞれ埋め込んで日本語を完成させると『私は彼女をナンシーと呼ぶ』みたいな感じで英語を読み解いていたよ。だから、並べ替えないで、頭から理解していっていいっていうのもとても新鮮なの。私に取ってみれば」

「なるほど、そういう感じで理解していたのね。そりゃ、確かにパズルみたいで大変そうだね。もっと文章が長かったりしたらなおさら難しい気がするわ」

その通りだ。複雑な英文になるとまさに謎解きパズルで、スラッシュを入れたりして解読するのにとても時間をかけていた。

「まゆこさんがやっていたような英文解釈法、つまり、これまでの英語教育システムが教えていた、英文を終わりまで読み、その上で動詞に戻る理解法では、やっぱり英語習得を混乱させるだけなのだよ。いつまでそれをやっていても、TVやテロップ掲示が読み取れるはずがない。ここで是非、思い出してほしいのは、日本語は語順が変わっても特段問題がないということなんだよ。だから、パズルの組み立てをしないまま英語の語順通り理解することは日本語話者にとっては、それほど苦ではないはずで、むしろその方がシンプルですんなりと英文を解釈できるはずなんだ。結局のところ、VSOP英文法こそが私が探し求めていた最大公約数的法則、なんといっても英語はなんと一文型であったということなんだ」

学校の英語の授業で習っていたら、もっと理解が早かったのかもしれないと思うと、時間を巻き戻したくなる。

「ああ、どうせなら初めからそのことを知っていたかったです……」

「そうだね。五文型英文法の考え方からVSOP英文法の考え方への変換をすることが、まずは必要になる」

複雑な文法を覚えたことによって、もうそれでないと理解できなくなっている自分がいる。まだまだVSOP英文法に頭を切り替えるには時間がかかりそうな気もする。

「やっぱり、一からやり直しですかね……」

私はそう言いながらうつむいた。

「いやいや、まゆこさん、そんなにどんよりした顔をしないでおくれ。これまでに学んできた英語の知識は、VSOP英文法の考え方への再編成でも役立つので、そこはがっかりしないでほしい。きっとまゆこさんなら、あっという間にVSOP英文法に慣れて、英語がすらすらと頭に入ってくるようになるだろう」

長田先生はそう言って微笑んだ。

「先生、分かりました！　私VSOP英文法を勉強します。もっともっと教えてください！」

私は、顔を上げて長田先生の目を見てそう宣言した。

「よし、分かった！　と言いたいところなんだけど、VSOP英文法の本家本元は西巻先生であって、僕ではないんだ。西巻先生はVSOP英文法に関する書籍を多数出版されているので、さらに詳しいことは先生の書籍を読んで学習するといいだろう。まゆこさんなら、すぐに理解できるだろう。それから、西巻先生はセミナーもやっているから、そこに参加してみるのもいいかもしれないね。飯田橋駅近くに教室がある。まゆこさんと同じように英語学習に悩んでいる仲間との出会いもあるかも知れない。もし通学が難しかったら、自宅でできるプライベート・レッスンというのもあるようだし、先生に相談してみれば、きっとまゆこさんに合った学習スタイルを提案してくれるだろう」

「そうなんですね。案外レッスン受けた方が早いかもしれませんね。ボイス・トレーニングも続けることで、英語スキルがますます上達しそうな気がします。まずは書籍を読んでみます。それで、様子見てレッスンも検討してみますね。本当にありがとうございます！」

ＶＳＯＰ英文法

https://www.vsop-eg.com

＊＊＊＊＊

私と彩香がかりんとうとコーラで小休憩をしていると、長田先生が静かに話し始めた。

「では、改めてここで私から英語学習のついてのおさらいをさせてもらうよ。私は、英語学者でも英語教育者でもなく、もともとはエンジニアで、今は経営コンサルタントをしているような身だけれども、英語教育に一度携わった人間として、課題と感じ、いろんな方面から分析を続けてきたんだ。それでね、まゆこさん、そして、彩香さん。今後の英語教育はいったいどうあるべきか、それを考えるために、私はこれまでの日本において展開されてきた英語教育について分析し、その変遷を便宜上大きく二つに分けてみた」

私と彩香は姿勢を正し、「はい」と長田先生の次の言葉を待った。

「まず一つ目は、１９８０年代くらいまでの英語教育だ。明治維新以来、日本の英語教育は文明国に追いつくための語学教育だった。戦後は、先進諸外国からの知識や科学技術を競って導入した時代があって、この時代の英語教育は、主にエリートのためのものにあった。そこで、この一つ目のくくりを、私は『Ｖｅｒ.１』として『エリート英語教育時代』と命名した。この時代は、翻訳英語教育や五文型英文法学習が中心であり、基本的に『読み書き』で理解を進める形が主流だった。また英語能力の評価としては『英検』が用いられていて、そこで問われる内容もやはり読み書きだった。ところが、読み書きに偏っていたこの時代の英語教育は、『ネイティブとのコミュニケーションが取れない英語教育とは一体何なのか』と酷評されていた。そして、そんな中でも、英語ができると称せられる方々は、『五文型英文法を捨てた結果、英語ができるようになった』と言い、多くの識者が『五文型英文法学習法には問題がある』と述べていたが、西巻先生のように、その謎の解明に取り組むような人は残念ながらいなかった。結局のところ、『Ｖｅｒ.１』の成果は「読み書き＝△」「聞く話す＝×」だ」

「そうなんですね。ちなみに『Ｖｅｒ.２』はどうなっていったのでしょうか？」

私は尋ねた。

「日本が経済大国となり、輸出立国の立場から、諸外国との交流が盛んに行われるようになるにつれて、英語は一部のエリートだけのものではなくなってきた。１９９０年頃から一般市民も英語が必要になってきたのだ。この頃から、『英語は英語で学ぶべきである』というもっともらしい英米の英語教育者の論理を信じて、ネイティブによる『英語漬け学習』に取り組むようになる。ネイティブとのやりとりで『日本人の外国人免疫』が作られていき、多少は英語を聞き取れるようになり、日常会話はなんとかこなせるようになりつつある。しかし、あるレベルを超えた本格的な英語を理解するロジックを身に着けるというところで人々はつまずいてしまう。結局のところ、『Ｖｅｒ.２』に関しても、新聞、雑誌、ホームページ、海外の大学のオープン講座などを理解するまでには至らないという批判が出てきている。もちろんそれまでの『Ｖｅｒ.１』よりは確実に進化しているものの、まだまだ新しい課題は生じつつあるということだ」

「先生、確認ですが、今の状態がまさに『Ｖｅｒ.２』ということですよね」

「その通りだ。英米の大学の語学センターやネイティブ英語講師らは『五文型英文法を捨てろ』とは言うものの、英語を理解するロジックな曖昧なままにして、さらに母語への配慮なしに、ひたすら単語、熟語、慣用句、ＴＰＯのセリフの作法を丸暗記する学習法を推奨するのが主流だ。『Ｖｅｒ.１』では『読み書き』が主流だったのに対し、『Ｖｅｒ.２』では、『聞く、話す』が中心の英語習得法が盛んに行われるようになった。ところが、残念なことに、ネイティブ英会話学校で学んだ方々も、英語圏に語学留学された方々も、英語から離れて数年経つと、ほとんど忘れてしまい使えなくなってしまうのだ」

私も授業から遠ざかり、すっかり英語を忘れていた時期もあるので納得できた。

「お金かけて覚えて忘れちゃうなんて、悲しすぎます。私はそうならないようにしなくちゃ！　先生、結局のところ、暗記メインの学習法だったというところが問題だったのですよね？」

「いかにも。ネイティブから教わろうが、結局は丸暗記的な学習だったために、残念ながら言葉としてのシナジー効果は得られなかったということだ。そして、時間と共に限りなく剥離《はくり》現象が起こり、せっかく一度は得られた言葉も賞味期限切れとなってしまっているんだ。特に『25歳の記憶の臨界期』を過ぎた成人にとって、長期間にわたる丸暗記学習は物理的に無理な話であり、無理に進めると脳が疲労困憊して、思考力や人間力までも失いかねない。ちなみに『Ｖｅｒ.１』では英検が評価指標であったが、『Ｖｅｒ.２』では次第にＴＯＥＩＣやＴＯＥＦＬのスコアが英語能力の評価の指標になってきている。評価指標の違いはあれども、結論を言ってしまえば、『Ｖｅｒ.２』にも大した英語学習の論理などはなく、『言葉だから黙って覚えろ』という暗記学習を強要しているだけというのが、私の解釈だ」

結局、中高生の英語学習の目的は受験勉強に直結するのだから、暗記学習になっても仕方ないのかもしれないが、長田先生の言う剥離現象が起きてしまっているのであれば、それは由々しき事態だ。

「私が、今回長田先生から最初に教わったような『英語はどんな言語なのか』とか、『英語と日本語はどう違うのか』とか、『英語とはどのような音声・発声をするものなのか』とか、『英語の本当のロジックはどういうものか』とか、そういうものがすべて無視された状態だったということですね」

私がそう言うと、彩香も続いた。

「それに、日本語という母語脳と英語との折り合いについても何も考えられてないということですよね」

「その通りだ。それらを曖昧にしたまま、母語を日本語とする者のことなどお構いなしで、ネイティブ・レッスンが行われてきたのだ。その結果、深い英語が学べず、バイリンガルを可能にする議論に至る以前の段階で、多くの者が英語に挫折してしまっている。あえて評価すれば『聞く・話す＝◯』、『読み・書き＝△』といった状態ではある。しかし、英語教育者は、今の状態を英語のレベルが落ちてきたと言っているのが実際のところなんだ」

長田先生はそこまで言い終えると、ディスプレイに一枚のチャート（１４５ページ・図16〈英語教育の実態〉）

このままでいいのだろうか？
英語教育の実態

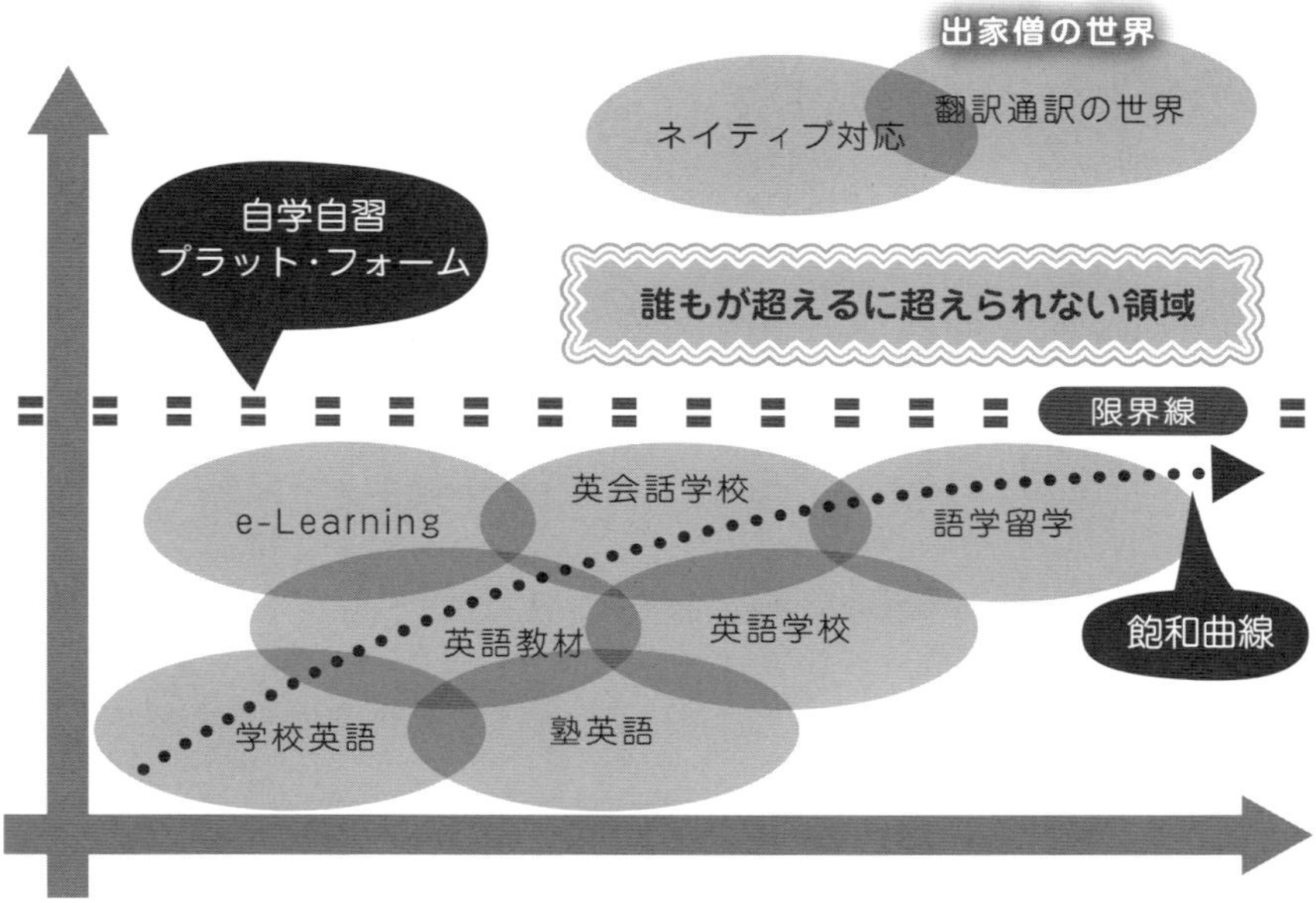

図 16. 英語教育の実態

を映した。

「このチャートを見てほしい。今日では小学校から大学までネイティブによる英会話学習が始まっている。しかし、このチャートの黒い点線の飽和曲線が示す通り、現状のままの取り組みでは、二重点線で示している限界線は超えられない」

そのチャートには〝学校英語〟や〝英語教材〟や〝塾英語〟など、あらゆる英語学習の手法が書かれていた。

「『出家僧の世界』と表現されているということは、つまりそれだけ特殊な領域に今はなってしまっているということですよね。限界線の向こう側は」

Version 3.0 英語教育の提案

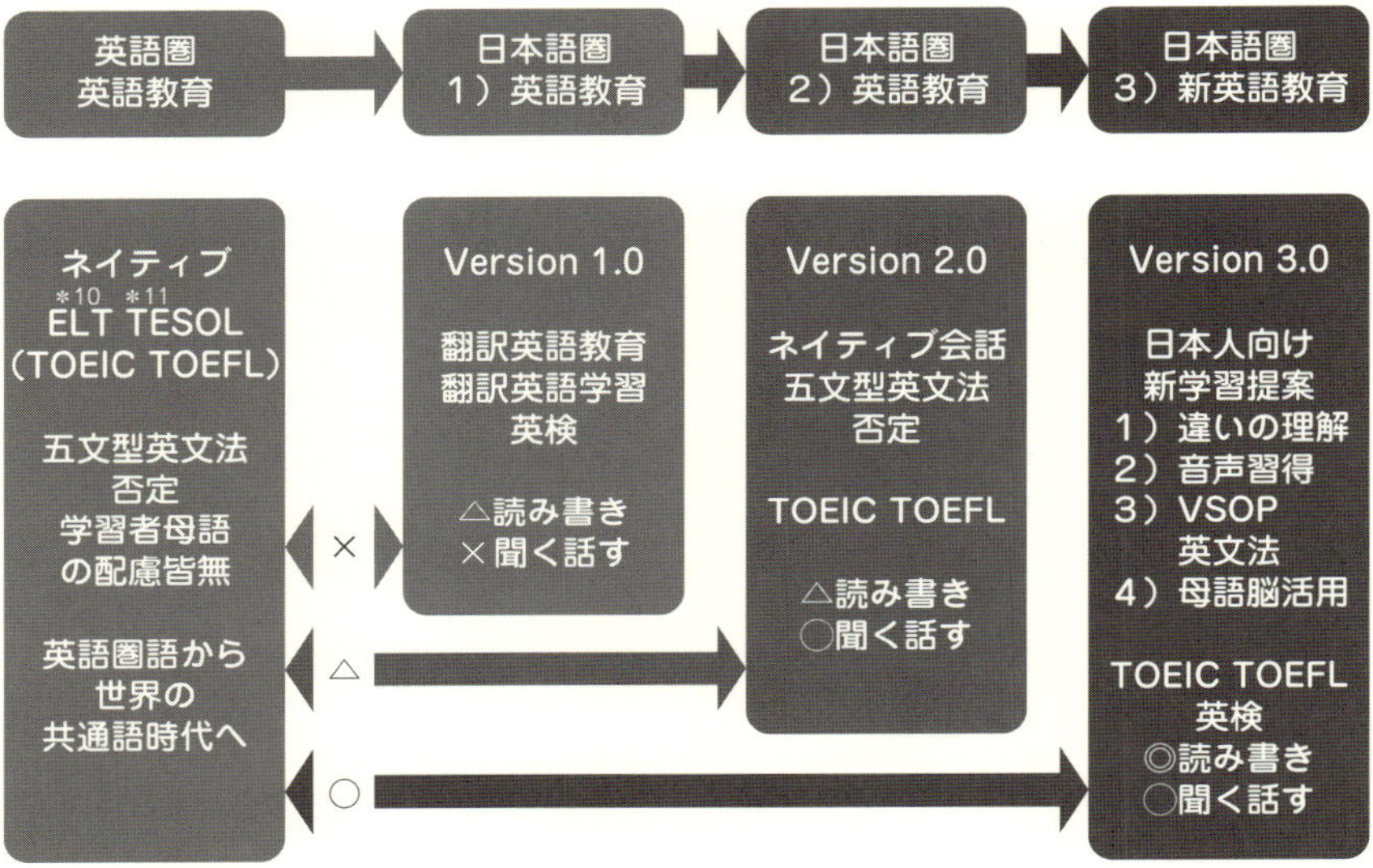

○、△、×：英語圏に対する英語活用度合い

＊10 ELT「EnglishLanguageTeacher」の略称。英語の授業を補助する英語指導助手のことを指す。

＊11 TESOL「Teaching English to Speakers of Other Language」の略称。
英語のネイティブではない人に英語を教えるための資格。

図 17.「Version3.0」の英語教育の実態

二重点線の上の方には〝ネイティブ対応〟〝翻訳通訳の世界〟と書かれている。

「そういうことだ。そこで、限界線を超えていくためには何が必要かということだ。英語以外の科目を思い出して見てほしい。どの科目も自学自習できない科目などあり得ない。しかし、現状の英語は違う。そこで、限界線上に『自学自習プラット・フォーム』と記載した。私たちがこの限界線を超えるためにも、これから何としてでも自学自習の可能なプラット・フォームを作っていかなければならない。私は英語学の門外漢ではあるが、このように約二十年にわたり、解析に取り組んできた。そして、『日本人がなぜ英語で苦労しているのか』ということについて、やっと謎が解けた。今ここに日本発の『新しい時代の英語学習法』を提案したい」

「ついに『Ｖｅｒ.３』ですね！」私がそう言って先生の顔を見ると、長田先生は大きく首を縦に振った。そして、新たな一枚のチャート（１４６ページ・図17（「Version3.0」の英語教育の実態））をディスプレイに映し、私たちがその内容を確認している間、しばらく黙っていた。

「あ、これ……」と私は口にした。そこに書いてあったのは、まさに私が長田先生からこれまでに教わったことだった。

「そう、今までにまゆこさんに教えてきた通りのことだ。日本人は、四つの課題を克服しなければならない。それは、これまで学んできた英語を捨てるという意味では決してない。見直しして、再構築するイメージだ」

その長田先生の言葉に、「はい。そういう認識で、再構築に取り組み始めています」と、私も言った。

「おさらいになりますが、四つの課題の一つ目、まずは『英語と日本語の違い』を意識しながら学べばよいということでしたね」

「はい、普段から特別意識しているわけではありませんが、英語と日本語の音構造の違い、文構造の違いを初めに先生からしっかり伺っていたので、今では英語に振り回されている感じが全くしません」

私は、長田先生と出会ってからの英語学習を振り返り、そう話した。

「まゆこさんは、違いをきちんと認識して、その違いを無意識に落とし込むことができたということだと思うよ。違いをしっかり認識できれば、人間は潜在能力が働き、無意識に反応して対応することができるようになる。そして二つ目は、『日本語と英語の発声方法の違い』を認識しながら習得すればよいということだ。日本語話者から見て、英語は日本語とはかけ離れた発声言語だ。さらに、スペル通り発声しないということもしっかり認識しておこう。そして、発声法の手っ取り早くて確実な習得方法が、ネイティブの直接面談指導だね。英語の発声法の教材として27の単語を練習する方法を紹介したが、他にも英語の発声法の教材は、英語圏にいけばいくらでもあるよ」

「そうなのですね。27の単語の発生をキャサリンに認めてもらえるようになったので、ひとまずクリアできていると自負しています！」

とは言え、高みを目指してこれからもキャサリンとのレッスンは続けていくつもりだ。

「そして、三つ目は、西巻先生が開発された『ＶＳＯＰ英文法』に従って学べばよいということだ」

そう言いながら、長田先生はＰＣのマウスでチャートの当該部分をポイントした。

「これは、まさに今日学んだことですね。これからＶＳＯＰ英文法を学習して、英文法への苦手意識を克服したいと思います！」

「是非、そうしてほしい。英語の法則は一文型だったというと、驚くかもしれないけれど、このことはしっかり証明されているから、安心してほしい。英語の文構造は限りなく最大公約数的な要因でできていることが分かって来ているんだ」

私と彩香は、同時に頷いた。

「そして最後に、すでに日本語という母語が身に着いている以上、我々は今まで挙げた要因を『日本語脳』つま

ブレークスルーへの挑戦
≪新提案・英語学習法≫

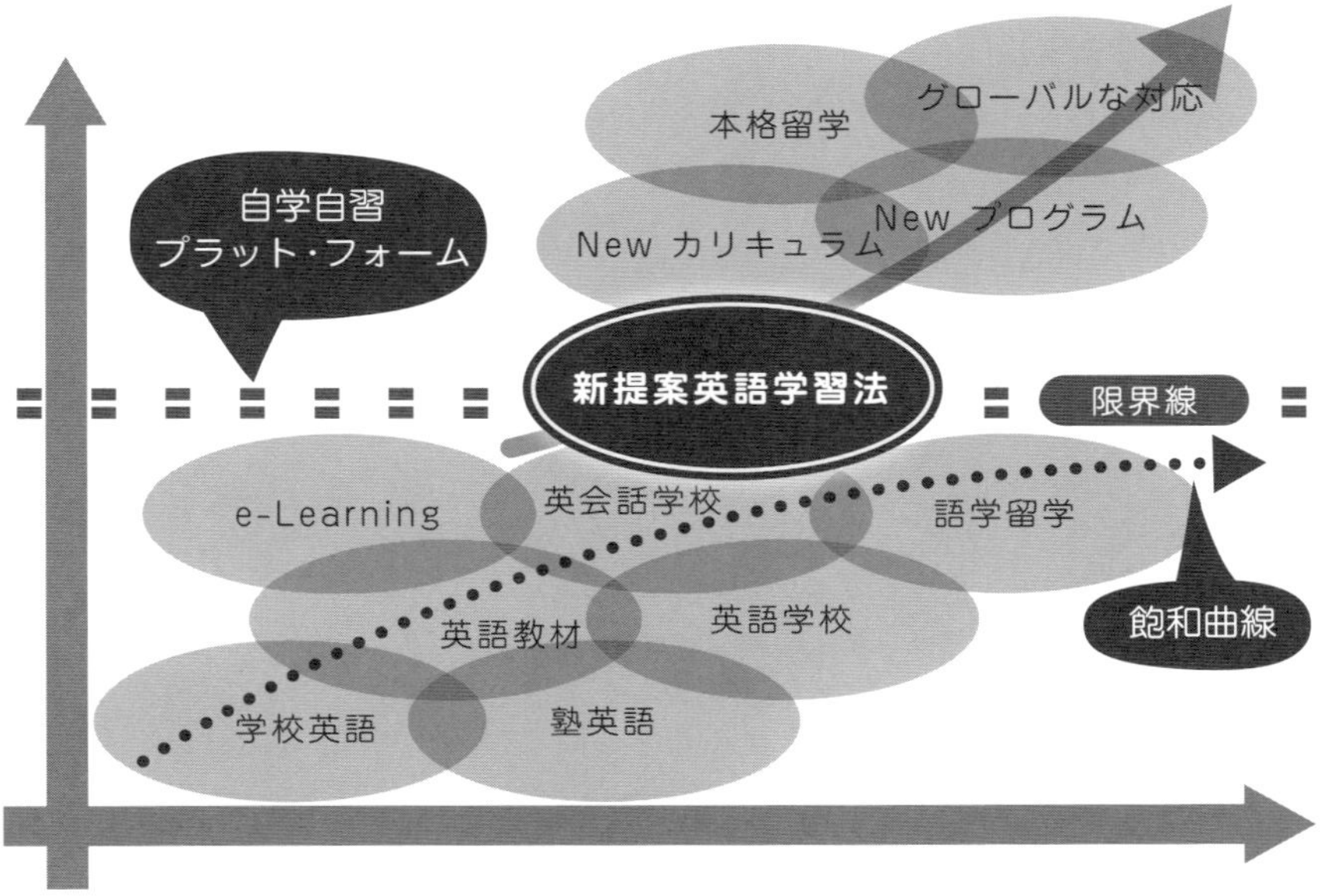

図 18. ブレークスルーへの挑戦

り『母語脳』で認識しながら学べばよいということだね。日本語脳しかない日本人が英語の法則を認識する、発声方法とスキルを認識する、日本語との関係を認識するというのには、当然のこととして、日本語脳で認識しながら英語を取り込んでいくしか方法がない。学ぶ目的は、日本語と英語の使い手になることなんだ」

「新たに英語脳を構築するのではなく、あくまでも母語である日本語脳を活用していくことが重要ということですね」

　私の場合は、日本語が母語であることは覆らないので、そのスタンスでいかなければならない。

「そういうことだ。ちなみに気付い

ているかもしれないし、そもそも望んでいないかもしれないけど、後から学んだ言語が母語以上にうまくなるということは残念ながらないと言われているんだ。そのこともしっかり認識しておいた方がいいだろうね」

長田先生がそう言い切るので、「はい、肝に銘じます」と私もキッパリ宣言した。

「私が見出したこの四つの取り組みは、技術者として産業界における経営経験や、英語教育および留学事業の立ち上げと経営経験、そして英語圏の数十大学の学長や学部長との交流経験、さらには国際会議や日本の英語に関する学会など、様々な交流の場から得た情報を多面的に分析してきた集大成だ。もちろん、米国の著名な英語教材開発者の博士やネイティブ講師、アメリカ生まれアメリカ育ちの日本人、アメリカのロック・シンガー、ハリウッドのボイス・トレーニング・スクールでの自らも含む体験者などとの確認もしっかりしてきた。西巻先生が開発された『ＶＳＯＰ英文法』学習プログラムはもちろんのこと、音声訓練プログラムも社会人へのフィールド・テスト結果は良好だ。まゆこさんも間違いなく英語が上達すると思う。どうか自信を持って続けてほしいと願っているよ」

「分かりました！」

長田先生が新たにディスプレイに映したチャート（１４９ページ・図18（ブレークスルーへの挑戦））を見て私はそう言った。

「地球上で起きている、個人あるいは民族そして国家間の摩擦や争いは言語間の相互誤解によって発生していると言っても過言ではない。そう考えると、世界平和という観点からも言語教育が重要ということが言えるだろう。日本における英語教育では、教える側も学ぶ側も努力し続けてきたことは確かだ。ところが、まだ英語で思考力を高めたり、想像力を発揮したりすることは、ほとんどの人ができていない。グローバル化が進むこれからは、それができるようにならなければならない。人間にとって、言語とは、情報や意思を共有するための最高の機能なんだ。教える側と習う側が母語と英語の相互の違いを認識することこそが、日本語と英語の相互学習のプラット・フォームになる。プラット・フォームに乗ってしまえば、あとは誰もが自学自習ができるのだ」

「先生、まさに私はそのプラット・フォーム作りをしているということなんですよね」と私は質問した。

「そういうことだ。それと同時に、英語教育システムというもっと大きな枠でも、この話を捉えてみてほしい。今は、私に頼ってくる個々人でのプラット・フォーム作りとなってしまっているが、是非とも私が提唱している英語学習法を多くの人に認識してもらい、皆さんの知恵とエネルギーを集結させて、英語教育システムの『Ver.3』として、日本語と英語の相互学習プラット・フォームを構築させたいと考えている」

長田先生は、そうまとめると、私たちを穏やかな笑顔で見た。

「先生、その第一歩、私たちも一緒に踏みださせてください」と彩香が言い、「私、先生から教えていただいたことを実践して、英語をものにします！」と私は宣言した。

長田先生と私と彩香は、三人で固く握手を交わした。その日、長田先生のオフィスから帰る道には、昼間の雨が嘘だったかのように夕日が射していたのである。

第四章のまとめ

POINT 1

日本の英語教育で教えている英文法の複雑さが日本人の英語への苦手意識を高める？

日本の英語教育で教えている英文法は約 320 項目あり、五文型や態、時制など覚えなければいけないことが多く、単純計算で 68 万通りの組み合わせがあることが分かっている。目先の細かいことにこだわるあまり、日本人は英語への苦手意識を抱いているというのだ。

POINT 2

日本語と英語の文法の違いとは

日本語と英語の文法には、「語順が自由な日本語」と「語順で意味を決める英語」という大きな違いがある。日本語は、「が・の・に・を・です・ない」などの付属語が言葉の機能を表しているため、語順を換えても通じるようになっている。それに対して、英語は「が·の·に·を」のような助詞がなく、語順で「言葉の働き」を表している。だから「語順を換える」と意味が通じなくなるか、または、意味が変わってしまうのだ。

POINT 3

VSOP 英文法とは

西巻尚樹先生が開発した英語の法則をシンプルに体系化した文法の考え方で、「Very Simple One Pattern」の頭文字をとったもの。その一文型、SVOPのSは主語の「Subject」、V は判断語の「Verdict」、O は対象語の「Object」、P は叙述語を表す「Predicate」という概念となっている。VSOP 英文法では、使われている言葉の品詞に影響を受けず、「同じ位置で使われる文節は、同じ働きをしている文節」と考える。SVOP の一文型さえ覚えれば、五文型を意識しなくてもよくなるのだ。

POINT 4

英語教育の変遷と今後の英語教育の提案

英語教育の変遷を便宜上大きく分けたところ、「Version1.0」は、読み書きが中心だったため、ネイティブとのコミュニケーションが取れない英語教育だった。そこで、1990 年頃からの「Version 2.0」では一般市民も英語が必要となり、ネイティブによる「英語漬け学習」による「日本人の外国人免疫」づくりに効果があった。
そして、これからは「Version3.0」として、①「日本語と英語の違い」を意識しながら学ぶ、②「日本語と英語の発声方法の違い」を認識しながら習得する、③新しく開発した「VSOP 英文法」に従って学ぶ、④これらの要因を日本語脳（母語脳）で認識しながら学ぶ、という新しい英語教育を長田先生は提案している。

■ エピローグ

季節は六月となり、長田先生直伝の英語学習法で勉強を続けてから丸一年が経った。去年の夏に長田先生のオフィスを初めて訪れたことを思うと、かなり前のことのような気がする。

私は、長田先生から教わった直後にＶＳＯＰ英文法の書籍を購入した。そして、書籍が届くまでの待ちきれない時間は、西巻先生のホームページ、ＶＳＯＰ英語研究所（https://www.vsop-eg.com）を隅から隅まで読んでみた。動画を観ることができたり、ＶＳＯＰ英文法の説明が充実していて、ホームページを読んでいるだけでも、とても勉強になった。そして、ＶＳＯＰ英文法が日々進化していることが、ホームページから伝わってきた。長田先生の前で「分かりました！」と素直に言ってはいたものの、「でも本当にそんな都合のいい英文法があるのだろうか？」と心のどこかで疑っていた私だったが、ＶＳＯＰ英文法を知れば知るほど、その疑念は薄れていった。

そして、四月にはまた外資系のクライアントへのプレゼンをするチャンスが到来した。結果、先方へのプロブレーンシステムズ社の業務改善システムの導入が決まり、その成果を認められ、同期の中でも異例の昇格人事を成し遂げたのだった。現在週次のお客様とのミーティングは、なんと英語で行われている。まだ慣れないことは多いが、今のところ順調に仕事は進んでいる。英語に対する恐怖心はなく、日々の仕事でむしろどんどん自信がついてきているくらいだ。ちなみに、キャサリンとのボイス・トレーニングも継続していて、以前のようなハイペースではないけれど、週に一回は他愛もない会話をしながら英単語の発声に磨きをかけている。

その後も、長田先生には三カ月に一回ずつくらい英語学習の進捗報告と、情報交換なども兼ねて彩香と二人で会いに行っている。お会いするたびに先生が今までされてきたお仕事のお話や、近所の中学校に英語の授業を見学しに行った話、メディアでも有名な英語教育者と会った話などを面白おかしく話してくださる。

先生のオフィスにお邪魔するたびにいただいていた、コカ・コーラとかりんとうの魅力に取りつかれ、休日の日に家で英語の勉強をしながら口にしていたら、うっかり体重が右肩上がり気味だ。でも、頭を使うから仕方ないと今は自分にそれを許している。コカ・コーラとかりんとうなくして、私の英語学習は続かない。仕事が充実してきたからこそ、次はプライベートを充実させるためにも、ダイエットをしなきゃな、と思う今日この頃だ。

(Fin)

＜参考文献＞

「日本人はなぜ英語で苦労しているのか　～英語習得のジレンマの謎が解けた～」（著：長田實　発行：ナヴィ経営研究所）
「よみがえれ思考力」（著：ジェーン・ハーリー　発行：大修館書店）
「講談・英語の歴史」（著：渡辺昇一　発行：ＰＨＰ研究所）
「ロイヤル英文法―徹底例解」（著：綿貫陽、須貝猛敏、宮川幸久、高松尚弘　発行：旺文社）
「Get The Real ... 英語参考書」（著：西巻尚樹　発行：ＱＯＬ倶楽部／発売：星雲社）

長田《ながた》　實《みのる》

神奈川大学工学部機械工学科卒。

神鋼ファウドラー・メンテナンス株式会社代表取締役社長を経て、

NOVA グループの No.2 として「駅前留学」および「海外留学」事業の立ち上げと、経営に携わる。

その後、NOVA トレーディング株式会社代表取締役に就任し、

世界の数十大学のトップと交流。国内外学会講演も多数実施。

2001 年にナヴィ経営研究所を設立。

現在は B2B の産業界及び B2C の教育界の経営経験を生かし

ベンチャービジネス経営コンサルテーションに従事する。

その傍ら、放送大学非常勤講師（面接授業 2015 年 1 学期）も務めた。

日本メディア英語学会会員。

長田先生。
なんで私、勉強しても英語がうまくならないの？
～NOVA を立ち上げた理系技術者の“英語習得の世界”～

２０１９年４月１７日　第１刷発行

監修　長田　實

発行者　道家　佳織

編集・発行　株式会社 DB ジャパン

〒 151-0053 東京都渋谷区代々木 2-23-1

ニューステイトメナー 865

電話　03-6304-2431

ファックス　03-6369-3686

e-mail　books@db-japan.co.jp

イラスト　秋野ノガコ

装丁・DTP　DB ジャパン

印刷・製本　大日本法令印刷株式会社

ISBN 978-4-86140-052-0

Printed in Japan 2019